Eduardo Bernardes de Castro

Modelagem Lógica de Dados:
Construção Básica e Simplificada

Modelagem Lógica de Dados: Construção Básica e Simplificada
Copyright© Editora Ciência Moderna Ltda., 2012

Todos os direitos para a língua portuguesa reservados pela EDITORA CIÊNCIA MODERNA LTDA.

De acordo com a Lei 9.610, de 19/2/1998, nenhuma parte deste livro poderá ser reproduzida, transmitida e gravada, por qualquer meio eletrônico, mecânico, por fotocópia e outros, sem a prévia autorização, por escrito, da Editora.

Editor: Paulo André P. Marques
Produção Editorial: Aline Vieira Marques
Assistente Editorial: Amanda Lima da Costa
Capa: Daniel Jara
Diagramação: Daniel Jara
Copidesque: Nancy Juozapavicius

Várias **Marcas Registradas** aparecem no decorrer deste livro. Mais do que simplesmente listar esses nomes e informar quem possui seus direitos de exploração, ou ainda imprimir os logotipos das mesmas, o editor declara estar utilizando tais nomes apenas para fins editoriais, em benefício exclusivo do dono da Marca Registrada, sem intenção de infringir as regras de sua utilização. Qualquer semelhança em nomes próprios e acontecimentos será mera coincidência.

FICHA CATALOGRÁFICA

CASTRO, Eduardo Bernardes de.

Modelagem Lógica de Dados: Construção Básica e Simplificada

Rio de Janeiro: Editora Ciência Moderna Ltda., 2012.

1. Programação de Computador – Programas e Dados
I — Título

ISBN: 978-85-399-0295-8

CDD 005

Editora Ciência Moderna Ltda.
R. Alice Figueiredo, 46 – Riachuelo
Rio de Janeiro, RJ – Brasil   CEP: 20.950-150
Tel: (21) 2201-6662/ Fax: (21) 2201-6896
E-mail: lcm@lcm.com.br
www.lcm.com.br

08/12

Para minha esposa, meus filhos e meus pais.

Apresentação

O atual contexto organizacional é marcado por intensas e rápidas mudanças, com cenários novos a cada dia e dependência cada vez maior dos recursos tecnológicos, especialmente recursos computacionais, para a execução e desenvolvimento dos trabalhos. Uma simples fotografia do espaço físico de uma organização nos permite visualizar um conjunto de computadores, telas, fios e ilhas de trabalho muito bem equipadas. Entretanto, essa tecnologia vista de forma concreta nas organizações esconde um dos seus principais ativos: a informação.

Decisões organizacionais não dependem na sua essência da tecnologia concreta aparente nessa fotografia, mas sim da informação de qualidade, ou não, que ela abraça.

A informação de qualidade é basicamente pautada nos seus aspectos ou dimensões de tempo, forma e conteúdo. Informação atual e sempre disponível (dimensão tempo) e informação apresentada adequadamente ao seu consumidor (dimensão forma) são fundamentais para um fluxo adequado da mesma. Porém, essas duas dimensões, tão visíveis e desejadas, estão intimamente ligadas à dimensão conteúdo.

Na dimensão conteúdo o mais importante é que a informação seja precisa, isto é, seja isenta de erros, pois informação errada é tão prejudicial quanto sua ausência.

Sob a ótica dessa dimensão, três outros pontos são fundamentais: completeza, concisão e relevância. Toda a informação necessária (completeza), somente a informação necessária (concisão) e pertinência ao contexto do seu consumidor (relevância) são aspectos fundamentais para a definição de uma informação de qualidade.

Portanto, buscar desenhar sistemas de informação que atendam às demandas das organizações é uma tarefa que perpassa pela identificação de quais são as informações que devem ser geradas por esse sistema, atendendo aos seus atributos de qualificação.

De forma complementar, é tácito que toda a informação está baseada em um conjunto de dados necessários para a sua obtenção, o que leva o esforço de criação de sistemas de informação ao trabalho de identificação dos dados qualitativos. Dessa forma, remonta-se a cadeia de construção desses sistemas, e nela a atividade de mapeamento dos dados organizacionais sob a mesma ótica da qualidade baseada na dimensão conteúdo.

VI • Modelagem Lógica de Dados: construção básica e simplificada

Neste ponto chegamos ao objetivo maior deste livro, que é efetivamente mostrar de maneira prática e simplificada como mapear dados organizacionais que sejam considerados efetivamente úteis para a construção de sistemas de informação. Como o enfoque trabalhado é de sistemas de informação baseados em computador, o trabalho desenvolvido é voltado para alunos de graduação dos cursos da área de computação e informática que precisam desenvolver modelos de sistemas de informação, bem como para profissionais que precisam rever conceitos trabalhados nas suas fases de formação. Esta atividade está toda ela baseada em um modelo maduro e aceito mundialmente, que é a modelagem de dados baseados nos diagramas entidade-relacionamento.

O uso de técnica tão difundida e amadurecida poderia nos levar a um precipitado conceito de que estamos lidando com assuntos ultrapassados ou no mínimo que já foram amplamente discutidos e demonstrados. Sem dúvida que o são, porém, é verdadeiro o fato de que ao ensinarmos modelagem de dados relacionais sempre enfrentamos a necessidade de criar casos hipotéticos que possam contemplar as diferentes situações do cotidiano do desenvolvimento de sistemas de informações.

Sendo assim, o propósito deste livro é ratificar a importância ainda atual da modelagem de dados com base nos diagramas entidade-relacionamento e facilitar a vida de estudantes de computação e informática que nem sempre possuem casos e situações que possam refletir o mundo real de maneira didática e simplificada.

Neste trabalho, a grande maioria dos exercícios, exemplos e estudos de casos utilizados foram criados durante os vários anos de docência de disciplinas voltadas para a modelagem de dados e processos de desenvolvimento de softwares e projetos de bancos de dados, especialmente em cursos de graduação e pós-graduação na área de computação e informática.

Sem a mínima pretensão de ser completo em todos os pontos de conflitos de desenho de dados organizacionais, este livro está estruturado da seguinte forma:

O capítulo I apresenta conceitos básicos sobre sistemas de informação, seus componentes e seu processo de desenvolvimento, buscando contextualizar a atividade de modelagem de dados dentro do processo de construção de sistemas de informação.

O capítulo II define o que é um modelo de dados e aborda sobre sua importância, descrevendo os níveis de construção de modelos de dados até chegarmos ao modelo físico, apontando qual nível de modelagem será

Apresentação • **VII**

tratada ao longo do livro. Também apresenta o modelo entidade-relacionamento como principal ferramenta de modelagem de dados e descreve seus componentes básicos, introduzindo no assunto principal tratado.

Os capítulos III, IV e V são trabalhados de forma integrada, associando teoria e prática e tratando dos elementos básicos do modelo entidade-relacionamento.

O capítulo III descreve o elemento básico Entidade, definindo o que é esse elemento, as terminologias adotadas, a sua representação gráfica, sua dicionarização ou descrição e exemplifica, trazendo ainda exercício para fixação dos conceitos com a respectiva solução.

O capítulo IV descreve o elemento básico Atributo, definindo o que é esse elemento e os elementos que ele envolve, como valor e domínio. Caracteriza ainda os principais tipos de atributos representados nos modelos ER, incluindo o conceito de atributo-chave, a sua representação gráfica, dicionarização e exemplifica, trazendo ainda exercício para fixação dos conceitos com a respectiva solução.

O capítulo V descreve o elemento básico Relacionamento, definindo o elemento, a terminologia adotada, sua forma de representação gráfica e sua dicionarização. Aborda ainda os tipos de relacionamentos e apresenta suas restrições de cardinalidade e obrigatoriedade. Para fixação dos conceitos, traz exercício e respectiva solução.

O capítulo VI descreve os relacionamentos binários e suas diferentes cardinalidades: um:um, um:muitos e muitos:muitos. Trata do uso de atributos do relacionamento e da representação gráfica de cada uma das classificações, com situações exemplo de aplicação e representação. Complementarmente apresenta exercícios de fixação com as respectivas soluções. Ao final desse capítulo é recomendada a tarefa de resolução de alguns estudos de casos indicados.

O capítulo VII aborda extensões dos diagramas entidade-relacionamento. São figuras adicionais ou representações diferenciadas que buscam caracterizar situações específicas. Sendo assim, os pontos especialização, entidades fracas e autorrelacionamento são caracterizados e exemplificados, com a inclusão de exercícios e respectivas soluções para fixação.

O capítulo VIII expõe os relacionamentos ternários. É feita uma caracterização dos relacionamentos ternários, sua forma de representação, seus tipos e principalmente sua aplicação. Nesse sentido, exemplifica-se claramente a aplicação através de situações propostas e fixa-se o conhecimento com exercícios e soluções de análise.

VIII • Modelagem Lógica de Dados: construção básica e simplificada

O capítulo IX discute o uso do recurso da agregação para situações específicas. Define o que é agregação, qual a sua aplicação, quando não deve ser utilizada e exibe situações exemplo. Ao final trabalha exercícios e soluções para fixação.

No capítulo X aborda-se o uso do diagrama ER como instrumento variante para representação de eventos históricos. A partir de uma situação exemplo é discutida a aplicação desse recurso e para fixação da aplicação é apresentado um exercício e sua solução com análise.

Os capítulos XI e XII são complementares entre si. No capítulo XI são colocados diversos estudos de caso como propostas para desenvolvimento da solução de acordo com o contexto descrito. O capítulo XII exibe soluções propostas para esses casos e as análises dessas soluções. A proposta implícita é que o leitor, como forma de aprendizagem e fixação de todos os conceitos e aplicações vistas ao longo do livro, faça a própria solução do estudo de caso e, após a conclusão da sua solução, compare-a com a solução proposta e análises realizadas. Não recomendamos a realização de todas as soluções simultaneamente. Propomos uma construção gradual, exercício a exercício, comparando e lendo as análises feitas.

Ao final do trabalho são listadas bibliografias utilizadas como base ou citadas ao longo do livro. Contudo, por ser o livro de caráter prático e não teórico, não são feitas citações bibliográficas nas soluções dos exercícios e estudos de caso, haja vista que eles representam a visão do autor e de sua prática com modelagem de dados utilizando modelos ER como ferramenta. Logo, todo esforço é voltado para a construção prática de modelos, adaptando conceitos para a realidade do processo de modelagem, possibilitando uma aprendizagem mais próxima do que seria uma sala de aula.

O que se espera é que este trabalho possa contribuir na formação dos novos profissionais ou na recomposição de conhecimentos em uma das áreas mais importantes da informática. O trabalho não esgota o assunto e não envolve aspectos tecnológicos de implementação de bancos de dados relacionais ou objeto-relacionais.

Sumário

Introdução

1   1.1 Conceitos básicos 1
      1.1.1 Sistema e subsistema 1
      1.1.2 Sistemas de informação baseados em computador 1
      1.1.3 Dado e Informação 2
      1.1.4 Software 3
  1.2 Componentes básicos de um SI baseado em computador 3
  1.3 A atividade de desenvolvimento de SI baseados em computador ... 4
  1.4 A atividade e a importância da definição dos dados 5

2 Modelagem de Dados:
fundamentos, conceitos e ferramentas

  2.1 Modelo 7
  2.2 Modelo de Dados 8
  2.3 Níveis de Modelagem 8
  2.4 Tipos de Modelos de Dados 10
  2.5 Princípios, modelos e ferramentas para modelagem 11
  2.6 Modelo Entidade-Relacionamento 12
      2.6.1 Princípio básico 12
      2.6.2 Componentes básicos 13
      2.6.3 Passos para a construção do MER 13
      2.6.4 Elementos básicos diagrama ER 14

3 Entidade

  3.1 Conjunto de Entidades e Entidade 17
  3.2 Terminologia a ser adotada 17
  3.3 Identificação de entidades e representação gráfica 18
  3.4 Descrição da entidade 19
  3.5 Exercício 01: definir e representar entidades 21
  3.6 Solução do exercício 01 21

X • Modelagem Lógica de Dados: construção básica e simplificada

4 Atributo

4.1 Conceito...23
4.2 Valor, domínio e nome do atributo.............................23
4.3 Representação gráfica 24
4.4 Tipos de Atributos 25
4.5 Atributo descritivo simples 25
4.6 Atributo descritivo composto...................................25
4.7 Atributo descritivo derivado 26
4.8 Atributo Referencial 26
4.9 Atributo-chave 27
4.10 Descrição do Atributo 29
4.11 Exercício 02: conceituar e representar atributos 30
4.12 Solução do exercício 02...31

5 Relacionamento

5.1 Conjunto de Relacionamentos e Relacionamento 35
5.2 Terminologia a ser adotada.....................................35
5.3 Representação gráfica 36
5.4 Representar Relacionamento, Entidade ou Atributo ? 37
5.5 Descrição do relacionamento 38
5.6 Classificação dos relacionamentos quanto ao número de elementos envolvidos 39
5.7 Mapeamento de restrições: Cardinalidade e Obrigatoriedade 40
5.8 Exercício 03: conceituar e classificar relacionamentos.............42
5.9 Solução do exercício 03 42

6 Relacionamentos Binários

6.1 Relacionamento Binário Um:Um...............................45
    6.1.1 Definição 45
    6.1.2 Atributos do relacionamento..............................50
6.2 Relacionamento Binário Um:Muitos 50
    6.2.1 Definição 50
    6.2.2 Atributos do relacionamento 53
6.3 Relacionamento Binário Muitos:Muitos 55

6.3.1 Definição 55

6.3.2 Atributos do relacionamento 57

6.3.3 Atributo-Chave de relacionamento........................ 58

6.4 Exercícios 59

6.4.1 Exercício 04: Identificar, descrever e representar
relacionamentos 59

6.4.2 Exercício 05: Representar relacionamento Um:Muitos............. 60

6.4.3 Exercício 06: Modelar relacionamentos do mundo observado ... 60

6.4.4 Exercício 07: Caracterizar relacionamentos com atributos......... 61

6.4.5 Exercício 08: Interpretar diagramas ER 61

6.4.6 Exercício 09: Interpretar relacionamentos Muitos:Muitos 62

6.4.7 Exercício 10: Representar entidades, atributos e
relacionamentos 62

6.5 Solução dos exercícios 63

6.5.1 Solução do exercício 04..................................... 63

6.5.2 Solução do exercício 05 66

6.5.3 Solução do exercício 06..................................... 67

6.5.4 Solução do exercício 07..................................... 68

6.5.5 Solução do exercício 08 69

6.5.6 Solução do exercício 09..................................... 69

6.5.7 Solução do exercício 10..................................... 70

7 Extensões do DER

7.1 Especialização.. 73

7.1.1 Especialização para representar atributos específicos de um subconjunto 73

7.1.2 Especialização para representar relacionamentos específicos de um subconjunto... 75

7.2 Entidade-fraca.. 76

7.3 Autorrelacionamento... 78

7.3.1 Autorrelacionamento Um:Muitos 78

7.3.2 Autorrelacionamento Muitos:Muitos 81

7.3.3 Autorrelacionamento Um:Um 83

7.4 Exercícios 84

7.4.1 Exercício 11: Especializar Entidades 84

7.4.2 Exercício 12: Representar Entidade-Fraca.................. 85

7.4.3 Exercício 13: Representar Autorrelacionamento 85
7.5 Soluções dos exercícios 86
    7.5.1 Solução do exercício 11 86
    7.5.2 Solução do exercício 12 88
    7.5.3 Solução do exercício 13 89

8 Relacionamentos Ternários

8.1 Definição 91
8.2 Relacionamento ternário e necessidade de sua existência 91
8.3 Representação Gráfica de um relacionamento ternário 100
    8.3.1 Representação da cardinalidade em um relacionamento
    ternário 101
    8.3.2 Representação da obrigatoriedade em um relacionamento
    ternário 102
8.4 Relacionamento Ternário Muitos:Muitos:Muitos (N:N:N) 102
    8.4.1 Atributos em relacionamento ternário N:N:N 105
    8.4.2 Atributo-chave em relacionamento ternário N:N:N 105
8.5 Relacionamento Ternário Um:Muitos:Muitos 107
8.6 Relacionamento Ternário Um:Um:Muitos 110
8.7 Considerações adicionais sobre relacionamentos ternários 114
8.8 Exercícios 114
    8.8.1 Exercício 14: Identificar e representar relacionamentos ternários
    N:N:N 114
    8.8.2 Exercício 15: Identificar e representar relacionamentos ternários
    N:N:N 115
    8.8.3 Exercício 16: Identificar e representar relacionamentos ternários
    1:N:N 116
    8.8.4 Exercício 17: Identificar e representar relacionamentos ternários
    1:1:N 117
8.9 Soluções dos exercícios 118
    8.9.1 Solução do exercício 14 118
    8.9.2 Solução do exercício 15 119
    8.9.3 Solução do exercício 16 120
    8.9.4 Solução do exercício 17 120

Sumário • **XIII**

9 Agregação

9.1 Agregação 123
9.2 Agregação: uso na exigência de relações binárias anteriores 126
9.3 Agregação: para transformar (se possível) relações ternárias em binárias 128
9.4 Agregação: uso indevido para transformar relações ternárias em binárias 131
9.5 Exercícios 135
    9.5.1 Exercício 18: Utilizando relacionamento ternário 135
    9.5.2 Exercício 19: Utilizando agregação 135
9.6 Soluções dos exercícios 135
    9.6.1 Solução do exercício 18 135
    9.6.2 Solução do exercício 19 136

10 Modelando Eventos Históricos

10.1 Representando um fator temporal como caracterizador de um objeto 140
10.2 Exercício 20: Caracterizando evento temporal 144
10.3 Solução do exercício 20 144

11 Normalização

11.1 Conceito e aplicação 147
11.2 Primeira Forma Normal 149
11.3 Segunda Forma Normal 151
11.4 Terceira Forma Normal 154
11.5 Outras formas normais 156
11.6 Exercício 21: Normalizando relações 156
11.7 Solução do exercício 21 157

12 Estudo de Casos: Modelando ER na Prática

12.1 Caso 01: Patrimônio Móvel 160
12.2 Caso 02: Hospital de Internamento 161
12.3 Caso 03: Revendedora AgroBom.. 162
12.4 Caso 04: Loja de Departamentos.. 164
12.5 Caso 05: Loja de Departamentos (com adicionais)................. 165
12.6 Caso 06: Cemitério Jardim Esperança 166
12.7 Caso 07: Gerenciamento de Extintores 167
12.8 Caso 08: Gerenciamento de Extintores com histórico 169
12.9 Caso 09: Empresa FazTudo de Projetos 169
12.10 Caso 10: Locadora de Veículos.. 171
12.11 Caso 11: Empresa de Ônibus... 173
12.12 Caso 12: Área de Plantio 174
12.13 Caso 13: Laboratório de Análises Clínicas 175

13 Casos: soluções e considerações

13.1 Solução do caso 01.. 179
13.2 Solução do caso 02. 183
13.3 Solução do caso 03. 184
13.4 Solução do caso 04. 186
13.5 Solução do caso 05. 189
13.6 Solução do caso 06. 190
13.7 Solução do caso 07.. 192
13.8 Solução do caso 08. 196
13.9 Solução do caso 09 197
13.10 Solução do caso 10... 201
13.11 Solução do caso 11 205
13.12 Solução do caso 12... 207
13.13 Solução do caso 13... 211

Bibliografia.. 217

Figuras

Figura 1.01: Componentes básicos de um SI baseado em computador. 3

Figura 2.02: Mundo Real x Modelo de Dados 8

Figura 2.03: Simplificação dos tipos de modelos e níveis de modelagem 11

Figura 2.04: Representação gráfica dos elementos básicos dos diagramas ER. 14

Figura 3.01: Exemplos de ENTIDADES 18

Figura 4.01: Representação gráfica de atributos de uma entidade. 24

Figura 4.02: Representação gráfica de atributos de um relacionamento. 24

Figura 4.03: Atributo descritivo derivado por outros atributos 26

Figura 4.04: Atributo referencial 27

Figura 4.05: Representação de atributo-chave 29

Figura 5.01: Conjuntos de entidades e a representação de relacionamentos 36

Figura 5.02: Exemplo de relacionamento. 37

Figura 5.03: Representação de relacionamento binário 39

Figura 5.04: Representação de relacionamento ternário 39

Figura 5.05: Representação de relacionamento múltiplo 40

Figura 5.06: Representação de cardinalidade máxima e obrigatoriedade 41

Figura 5.07: Representação de cardinalidade máxima e obrigatoriedade 42

Figura 6.01: Relacionamento binário do tipo Um:Um (sob a forma de
conjuntos) 45

Figura 6.02: Representação parcial do relacionamento (R) entre (A) e (B) (sem
cardinalidade e obrigatoriedade) 46

Figura 6.03: Representação parcial do relacionamento (R) entre (A) e (B) (sem
representar a obrigatoriedade) 46

Figura 6.04: Representação completa do relacionamento (R) entre (A) e (B) 47

Figura 6.05: Exemplo sob a forma de conjuntos de relacionamento
binário Um:Um 48

Figura 6.06: DER de situação exemplo com relacionamento Um: Um 48

Figura 6.07: Representação de atributo em relacionamento binário Um:Um. ... 50

Figura 6.08: Relacionamento binário do tipo Um:Muitos (sob a forma
de conjuntos) 51

XVI ▪ Modelagem Lógica de Dados: construção básica e simplificada

Figura 6.09: Representação do relacionamento (R) do tipo Um:Muitos entre (A) e (B) 51

Figura 6.10: exemplo, sob a forma de conjuntos, de relacionamento binário do tipo 1:N.. 52

Figura 6.11: DER da situação exemplo de um relacionamento Um: Muitos 52

Figura 6.12: DER da situação exemplo de um relacionamento Um:Muitos com atributos 54

Figura 6.13: Relacionamento binário do tipo Muitos:Muitos (sob a forma de conjuntos) 55

Figura 6.14: DER do relacionamento (R) do tipo Muitos:Muitos entre (A) e (B) 55

Figura 6.15: Exemplo sob a forma de conjuntos de relacionamento binário do tipo Muitos:Muitos 56

Figura 6.16: DER de situação exemplo de um relacionamento Muitos: Muitos 57

Figura 6.17: Atributo de relacionamento Muitos:Muitos 58

Figura 6.18: Representação de atributo-chave de relacionamento Muitos: Muitos. 59

Figura 7.01: Entidade com atributos sem utilizar especialização 74

Figura 7.02: Entidade com atributos específicos utilizando especialização.......... 74

Figura 7.03: Entidade com atributos sem utilizar especialização 75

Figura 7.04: Entidade com relacionamentos específicos para subconjuntos utilizando especialização 76

Figura 7.05: Relacionamento Banco–Agência sem representação da entidade fraca. 77

Figura 7.06: Relacionamento Banco–Agência com representação da entidade fraca. 78

Figura 7.07: Exemplo sob a forma de conjuntos de autorrelacionamento binário do tipo Um:Muitos 79

Figura 7.08: Exemplo sob a forma de conjuntos de autorrelacionamento binário do tipo Um:Muitos sem duplicidade 80

Figura 7.09: DER da situação exemplo de um autorrelacionamento Um:Muitos com duplicidade na representação 80

Figura 7.10: DER da situação exemplo de um autorrelacionamento Um: Muitos...80

Figura 7.11: Exemplo sob a forma de conjuntos de autorrelacionamento binário do tipo Muitos:Muitos sem duplicidade...82

Figura 7.12: DER da situação exemplo de um autorrelacionamento Muitos:Muitos..82

Figura 7.13: Exemplo sob a forma de conjuntos de autorrelacionamento binário do tipo Um:Um...83

Figura 7.14: DER da situação exemplo de um autorrelacionamento Um:Um....83

Figura 8.01: Relacionamento ternário sob a forma de conjuntos.....................91

Figura 8.02: Relacionamento Forn-Proj...93

Figura 8.04: Relacionamento Proj-TipoEq 94

Figura 8.05: Relacionamento Ternário para o evento FORNECIMENTO (muitos:muitos:muitos) 99

Figura 8.06: DER de um relacionamento ternário 101

Figura 8.07: Relacionamento ternário 1:N:N sob a forma de conjuntos..........108

Figura 8.08: Relacionamento ternário 1:N:N sob a forma de DER 108

Figura 8.09: Relacionamento ternário para o evento FORNECIMENTO (um:muitos:muitos)...110

Figura 8.10: Relacionamento ternário 1:1:N sob a forma de conjuntos 111

Figura 8.11: Relacionamento ternário 1:1:N sob a forma de DER 111

Figura 8.12: Relacionamento Ternário para o evento SUPERVISÃO (um:um:muitos) 113

Figura 9.01: Associação errônea entre relacionamento entidade 124

Figura 9.02: Representação gráfica de uma agregação. 125

Figura 9.03: Representação gráfica de uma agregação....................................125

Figura 9.04: Solução do exercício 14 127

Figura 9.05: Uso da agregação por necessidade de relacionamento binário anterior..128

Figura 9.06: Relacionamento Ternário para o evento FORNECIMENTO (um:muitos:muitos)...129

Figura 9.07: Solução com Agregação transformando um relacionamento ternário em relacionamentos binários 130

XVIII • Modelagem Lógica de Dados: construção básica e simplificada

Figura 9.08: Relacionamento Ternário para o evento SUPERVISÃO (um:um:muitos) sem agregação.................................... 131

Figura 9.09: Relacionamento Ternário para o evento
SUPERVISÃO (um:um:muitos) com agregação INDEVIDA....................... 132

Figura 9.10: Relacionamento Ternário para o evento
SUPERVISÃO (um:um:muitos) com agregação INDEVIDA....................... 133

Figura 9.11: Relacionamento Ternário para o evento
SUPERVISÃO (um:um:muitos) com agregação INDEVIDA....................... 134

Figura 10.01: Uma entidade DATA representando o conjunto de todas as
datas possíveis.. 139

Figura 10.02: Relacionamento Utilização (Funcionário-Equipamento) 140

Figura 10.03: Relacionamento Utilização (Funcionário-Equipamento) 141

Figura 10.04: Relacionamento Utilização (Funcionário-Equipamento) com
conceito de aspecto temporal 142

Figura 10.05: Relacionamento Utilização (Funcionário-Equipamento) com
conceito de aspecto temporal data-hora 143

Figura 13.01: Solução do estudo de caso 01 179

Figura 13.02: Solução do estudo de caso 02 183

Figura 13.03: Solução do estudo de caso 03 184

Figura 13.04: Solução do estudo de caso 04 186

Figura 13.05: Solução inicial do estudo de caso 05 189

Figura 13.06: Solução do estudo de caso 05 190

Figura 13.07: Solução do estudo de caso 06 190

Figura 13.08: Solução do estudo de caso 07 192

Figura 13.09: Solução inicial do estudo de caso 08 196

Figura 13.10 Solução do estudo de caso 08.................................... 197

Figura 13.11: Solução do estudo de caso 09.................................... 197

Figura 13.12: Solução do estudo de caso 10.................................... 201

Figura 13.13: Solução do estudo de caso 11.................................... 205

Figura 13.14: Solução do estudo de caso 12.................................... 207

Figura 13.15: Solução do estudo de caso 13.................................... 211

Quadros

Quadro 01: Relação dos fornecimentos efetivamente acontecidos para a situação exemplo da empresa TCK. 95

Quadro 02: Relação dos fornecedores de cada projeto na empresa TCK. 95

Quadro 03: Relação dos fornecedores de cada tipo de equipamento na empresa TCK. 96

Quadro 04: Relação dos tipos de equipamentos fornecidos em cada projeto da empresa TCK. 96

Quadro 05: Relação dos fornecimentos que foram identificados como acontecidos a partir das informações binárias dadas...98

Quadro 06: Eventos de utilização de equipamentos por funcionário – situação exemplo 141

Quadro 07: Situação exemplo que fere a primeira forma normal 149

Quadro 08: Desmembramento de uma relação em 2 relações para não ferir a primeira regra de normalização 150

Quadro 09: Situação exemplo que fere a segunda forma normal...................... 152

Quadro 10: Desmembramento de uma relação em 2 relações menores para não ferir a segunda regra de normalização 153

Quadro 11: Situação exemplo que fere a terceira forma normal 155

Quadro 12: Desmembramento de uma relação em 2 relações menores para não ferir a terceira regra de normalização 156

Introdução

1.1 Conceitos básicos

1.1.1 Sistema e subsistema

A palavra sistema define um conjunto de elementos integrados e interdependentes que visam o alcance de um ou mais objetivos ou "Conjunto de partes interagentes e interdependentes que, conjuntamente, formam um todo unitário com determinado objetivo e efetuam determinada função." (Oliveira,2001).

Sistemas existem na história da humanidade muito antes da existência dos computadores, sendo, portanto, independentes da presença dos mesmos. Sistemas existem na sociedade (sistemas de transporte, sistema educacional,...), no corpo humano (digestivo, circulatório,...), nas organizações (sistema de compras, vendas,...); enfim, em qualquer contexto é possível visualizarmos a presença marcante do conceito de sistemas. De forma contínua, sistemas podem ser subdivididos em partes menores denominados subsistemas: partes menores de um sistema que quando analisados de forma individual podem ser vistos como um novo sistema.

1.1.2 Sistemas de informação baseados em computador

Neste contexto, marca presença importante o que se denomina de sistema de informação. Podemos conceituar sistema de informação como um sistema que, através de processos de coleta e tratamento de dados, tem como objetivo gerar e disseminar informações nas organizações. Para Laudon (2007), um sistema de informação consiste nos componentes que dão suporte à tomada de decisão e ao controle e auxiliam com análise, visualização e criação de produto.

Sistemas de informação independem da presença de um componente computacional, porém, é muito difícil vermos e tratarmos sistemas de informação de forma isolada do contexto tecnológico. Desta forma, os sistemas de informação como tratados atualmente são, na verdade, sistemas de informação baseados em computador, isto é, são analisados, desenhados e avaliados sob a ótica de que estarão ou estão inseridos em um contexto tecnológico maior. Apenas com objetivo de conceituar, sistema de informação baseado em computador é um sistema de informação cuja concepção e operacionalização está associada a um ambiente computacional.

Ao longo do livro, o tratamento de sistema de informação (SI) é dado sob a visão de um contexto computacional.

1.1.3 Dado e Informação

É comum o uso da denominação informação quando se pretende na verdade referenciar-se a um dado, ou conjunto de dados, e vice-versa. Do ponto de vista prático, no cotidiano das organizações, essa troca se tornou comum e assim tende a permanecer. Entretanto, é importante salientar que dado e informação, embora intimamente ligados, como já abordado, são conceitualmente distintos e essa distinção é importante principalmente para análise da qualidade da informação sob a dimensão forma.

Conforme Laudon (2007), dados são sequências de fatos brutos representando eventos e ocorrências. Um dado é essencialmente um elemento que caracteriza alguma coisa (objetos concretos ou abstratos), podendo ser expresso de forma quantificada ou valorada. Ele é a estrutura básica para a geração de informação. Para Setzer (2001), dado é uma sequência de símbolos quantificados ou quantificáveis.

Por outro lado, a informação é obtida a partir de dados (ou apenas um) tratados e organizados e que adquirem valor adicional além do valor medido em si. Em outros termos, informações são dados convertidos em um contexto significativo e útil para o consumidor da mesma ou informação se refere a dados moldados em um formato útil e significativo (Laudon, 2007). Informação é uma abstração informal (não pode ser formalizada através de uma teoria lógica ou matemática) que está na mente de alguém, representando algo significativo para essa pessoa. (Setzer, 2001).

A simples existência de um dado não representa a presença de informação, pois o significado e utilidade do mesmo são dependentes do seu consumidor, que no final do processo é o elemento que efetivamente cria a informação por meio do caráter de significado.

Sob essa ótica, é fácil compreender que um sistema de informação não termina na geração de dados tratados e expostos adequadamente, mas sim na capacidade do seu consumidor em transformar um conjunto de dados em algo com significado. Sendo assim, os consumidores da informação, que no contexto da organização são as pessoas, integram-se aos sistemas de informação como componentes dos mesmos.

1.1.4 Software

O conceito de software é bastante difundido e de domínio público, podendo ser resumido ao conjunto de programas do computador (Sommerville,2003). Entretanto, o importante aqui não é o conceito de software, mas sua distinção em relação ao conceito de sistemas de informação. Como visto, um SI existe de forma independe da existência de recursos computacionais, portanto independente da existência de um software. Software é, no contexto, um componente do sistema de informação baseado em computador; um componente que permite sua operacionalização em máquinas reais (computadores).

Usar o termo sistema quando se quer tratar de software e vice-versa é uma troca comum nas organizações, até mesmo para profissionais da área de computação e informática. Porém, deve ficar claro que são conceitos distintos e que este livro trata de sistemas de informação baseados em computador, mais especificamente do mapeamento de dados para geração de informação visando posterior criação de software. Portanto, não tratamos da criação de software.

1.2 Componentes básicos de um SI baseado em computador

O processo de desenvolvimento de um SI baseado em computador está intimamente ligado aos componentes básicos deste SI representados na Figura 1.01.

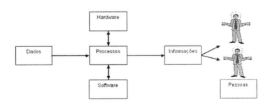

Figura 1.01: Componentes básicos de um SI baseado em computador.

4 ▪ Modelagem Lógica de Dados: construção básica e simplificada

De acordo com a Figura 1.01 e o objetivo dos SI (gerar informação útil para as pessoas e organizações), o desenvolvimento desses pressupõe a análise, definição e implementação de um conjunto de elementos que não se restringe ao software e muito menos ao hardware.

Os processos se traduzem no conjunto de ações de coleta, tratamento e transformação de dados em informações.

Os dados são os insumos necessários para a geração de informação. As informações representam efetivamente o que as pessoas ou as organizações precisam para suas tomadas de decisão ou ações pertinentes. As pessoas ou organizações representam efetivamente os usuários da informação, portanto, aqueles que devem definir claramente o que precisam.

A concretização do SI, do ponto de vista operacional, se efetiva na construção do software e na definição do hardware necessário para seu funcionamento. Contudo, o software envolvido neste contexto deverá funcionar sobre o hardware de maneira a reproduzir os procedimentos necessários para a transformação dos dados de entrada nas informações necessárias de saída para consumo das pessoas ou organizações. Sendo assim, todo software e hardware envolvidos estão sujeitos aos dados, procedimentos (processos) e informações úteis para as pessoas envolvidas no processo.

1.3 A atividade de desenvolvimento de SI baseados em computador

Ciente desta subordinação é possível afirmar que o processo de construção de um software está inserido dentro de um contexto maior de construção do sistema de informação, cuja atividade está intimamente ligada aos componentes básicos desse SI.

Sendo assim, independente de com qual metodologia de trabalho um desenvolvedor de SI baseados em computador vier a trabalhar, as seguintes definições devem ser feitas anteriormente à construção dos programas de computador: (a) quem são as pessoas e unidades organizacionais envolvidas no sistema de informação em pauta; (b) quais são as informações que elas efetivamente desejam e precisam para alcance de seus objetivos; (c) quais são os dados necessários para a geração das informações requeridas e (d) quais são os procedimentos do mundo real que deverão ser operacionalizados para a transformação de dados em informação útil. Dentro dessa visão, a atividade associada a este livro é a identificada pela letra (c).

1.4 A atividade e a importância da definição dos dados

Definir os dados necessários para gerar a informação requerida significa olhar a organização e o contexto de uso dessa informação (mundo real), olhar a informação em si e sua inserção nesse contexto, olhar os processos envolvidos ou associados a esses dados quando se fizer necessário e, tratando-se de SI baseados em computador, ter em mente que mais cedo ou mais tarde esses dados serão inseridos de alguma forma em um ambiente computacional.

Inicialmente, manter distância do mundo computacional é importante e ajuda no processo de identificação dos dados; entretanto, esquecer que isso vai acontecer é tentar esconder uma realidade próxima e que pode, em certo momento, facilitar o trabalho do desenvolvedor de SI.

A definição dos dados pode ser feita de diversas formas, dependendo do conhecimento técnico do desenvolvedor. Porém, é uma etapa definitiva para o sucesso de um SI baseado em computador e que não pode ficar a mercê de um "profissional" que afirma ter tudo em mente, ou que o desenho dos seus dados está claramente definido na sua cabeça, sendo ele capaz de implementá-lo rapidamente em um ambiente computacional. Sob os conceitos de Engenharia de Sistemas e Engenharia de Software, não se discute mais a importância da atividade de modelagem dos dados. Pode sim caber discussão sobre como fazer isso, com qual ferramental, qual o momento adequado, como manter registro adequado dessa atividade e outras questões. Porém, não se discute mais sobre a necessidade imperativa de fazê-lo.

A identificação de dados exige análise contextual, visão sistêmica, interpretação da realidade e é, essencialmente, uma atividade abstrata. Exatamente por ser abstrata ela precisa se mostrar de forma mais concreta para as equipes de desenvolvimento, facilitando o entendimento de todos.

Sendo assim, identificar dados passa a ser uma atividade de criação de um mapa desses dados, o que podemos chamar de atividade de mapeamento de dados, ou criação de um modelo de dados, o que podemos chamar de atividade de modelagem de dados, termos que adotaremos ao longo deste livro.

Modelagem de Dados:
fundamentos, conceitos e ferramentas

2.1 Modelo

Antes de tratarmos efetivamente da modelagem de dados, convém definir alguns termos básicos. De acordo com Cougo(1997), um modelo é uma representação abstrata e simplificada de um sistema real, com a qual se pode explicar ou testar o seu comportamento, em seu todo ou em partes. Já para Rumbaugh (1997) um modelo é uma "abstração de alguma coisa, cujo propósito é permitir que se conheça essa coisa antes de se construí-la".

Um modelo, independente da área de estudo em que se insere, busca representar o mundo real. O esquema da Figura 2.01 representa a relação entre mundo real e modelo.

Figura 2.01: Relação mundo Real x modelo

Como é possível ver, um modelo procura representar um mundo real existente. Contudo, por se tratar de uma representação abstrata de algo que se interpreta ou observa, um modelo vai representar sempre aquilo que o olhar do seu construtor viu do mundo real, denominado na figura como mundo observado.

Logo, a ação de modelar não se traduz na simples construção do modelo com base em Figuras ou outros elementos, mas no cumprimento de 2(duas) etapas: a observação (criação do mundo observado) e na modelagem (criação do modelo). Sendo assim, a coerência na observação do mundo real, sua interpretação fidedigna e seu entendimento global são ações fundamentais para o sucesso do modelo construído. Conclui-se que interpretar corretamente o mundo real é pressuposto para a construção do modelo.

2.2 Modelo de Dados

Partindo da definição de modelo e de sistemas de informação, podemos afirmar que um modelo de dados é uma representação abstrata e simplificada dos dados necessários para a geração da informação requerida por um consumidor de informação, considerando-se como contexto o sistema de informação a ser construído.

Foi visto que um dado caracteriza objetos (concretos ou abstratos) que existem no mundo real. Portanto, para o modelo de dados, o mundo real em foco é o conjunto de objetos relevantes para um contexto analisado e que o modelo de dados é a representação das características relevantes sob o mesmo contexto.

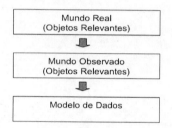

Figura 2.02: Mundo Real x Modelo de Dados

Nesse cenário, é cabível inserir a observação de Rumbauhgh(1997) que define que a construção de modelos pela abstração de contextos possui o caráter de simplificação da realidade a ser modelada e, por isso, não deve procurar a verdade absoluta, mas sim a adequação ao propósito.

2.3 Níveis de Modelagem

Do ponto de vista dos sistemas de informação baseados em computador, um dado pode ser visto sob diferentes óticas.

Sendo um dado uma representação que caracteriza um objeto do mundo real, ele é um componente abstrato do mundo real possível de ser visto por todos. Porém, mesmo sob essa possibilidade, cada observador verá o mundo real sob uma ótica particular, segundo os interesses pessoais ou organizacionais. Consequentemente, existirão inúmeras visões, de acordo com os diferentes observadores existentes e suas necessidades de informação.

Dessa forma, sob esse ângulo, os dados existem como um grande conjunto, porém visualizados de forma particular.

No ângulo oposto os dados são vistos, para um SI baseado em computador, como representações físicas do mundo real, sujeitas a um conjunto tecnológico próprio.

Esses diferentes ângulos são os opostos dos dois mundos que envolvem a computação e informática: o lógico e o físico.

A visão lógica representa o ponto inicial, onde a definição dos dados é feita com base nas necessidades de informação, traduzindo-se na definição de quais dados são necessários para a geração da informação requerida, conforme a necessidade de quem os vê.

A visão física representa o ponto final dos dados, em que mesmos são armazenados em bancos de dados de acordo com as características das tecnologias de armazenamento e recuperação envolvidas e que possam ser implementados em máquinas reais.

Definir modelos de dados lógicos que possam ser submetidos e aplicáveis a qualquer contexto tecnológico é, então, um princípio importante para o processo de construção de sistemas de informação baseados em computador. Foi nesse sentido que o ANSI (American National Standards Institute) propôs o modelo denominado arquitetura de três esquemas, cujo objetivo fundamental é separar o banco de dados físico das aplicações dos usuários (Melo,1998).

Segundo a arquitetura proposta, o projeto do banco de dados pode ser estabelecido através de três diferentes níveis de esquema:

– **Esquema Interno**: que estabelece a estrutura física de armazenamento do banco de dados e mecanismos de recuperação;

– **Esquema Conceitual**: que descreve a estrutura do banco de dados sob o ponto de visto do consumidor da informação (usuário) sem preocupação com detalhes físicos de armazenamento; e

– **Esquema Externo:** que define visões de usuários sobre parte do conjunto global de dados, de acordo com suas necessidades de informação.

A criação desses esquemas possibilita, de acordo com a arquitetura proposta, a construção de modelos com independência lógica (flexibilidade para alterar visões parciais dos dados sem alterar a visão total e vice-versa) e independência física de dados (flexibilidade para alterar os detalhes físicos sem alterar a visão total ou visões parciais).

2.4 Tipos de Modelos de Dados

A partir dessa arquitetura foram estabelecidos três diferentes modelos de dados. De forma a simplificar e tornar mais objetivo nosso estudo, vamos citar dois níveis de modelo:

Modelo Físico de Dados, com a finalidade de descrever a organização dos dados e mecanismos de manipulação sob um contexto tecnológico. De acordo com Melo (1998), consiste na escolha de estruturas de armazenamento e caminhos de acesso aos dados de forma a alcançar bom desempenho para as aplicações. Busca ainda assegurar a necessária flexibilidade de crescimento do banco. Os modelos físicos estão sujeitos às restrições tecnológicas do Sistema Gerenciador de Bancos de Dados que foi escolhido ou sobre o qual será efetivamente construída a estrutura de armazenamento dos dados. O modelo físico de dados é construído a partir das definições dos requisitos da aplicação e dos dados mapeados como necessários para a geração da informação requerida. Dessa forma, afirma-se que a construção de um modelo físico depende, fundamentalmente, da construção adequada do modelo lógico ou conceitual de dados.

Modelo Conceitual/Lógico de Dados, com a finalidade de descrever os dados necessários para a geração das informações requeridas em um contexto analisado, numa estreita aproximação com a forma como o usuário/desenvolvedor, vê os dados e analisa sua utilidade para a geração de informação.

A Figura 2.03 representa uma simplificação dos níveis de modelagem e tipos de modelos.

Todo trabalho deste livro está voltado para a representação de modelos em nível conceitual. Porém, como forma de tornar o estudo mais pragmático, serão feitas inserções de características voltadas para um SI que será baseado em computador, mais especificamente com utilização de um banco de dados. Dessa forma, espera-se maior facilidade para o leitor e principalmente para o projetista de bancos de dados que se interessa efetivamente em mapear os seus dados sabendo que futuramente os mesmos serão aplicáveis em Sistema Gerenciador de Banco de Dados (SGBD).

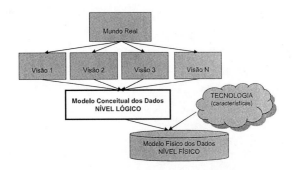

Figura 2.03: Simplificação dos tipos de modelos e níveis de modelagem

2.5 Princípios, modelos e ferramentas para modelagem

Como modelar e com quais ferramentas é uma discussão sempre presente nos ambientes de desenvolvimento ou ambientes de estudo de desenvolvimento de SI baseados em computador. Contudo, alguns princípios para a boa construção de modelos de dados independem do processo, do modelo e da ferramenta a ser utilizada. São eles:

- só é possível modelar contextos que sejam analisados detalhadamente, portanto, estudar e conhecer o contexto são ações imprescindíveis;
- capacidade de observação e compreensão são básicas;
- capacidade de abstração é fundamental;
- bom senso é a palavra chave do processo.

Cientes desses princípios, é preciso saber que, ao modelar, o processo deve ser construído a partir de alguns elementos que estão no mundo real e que tudo precisa ser registrado de alguma forma. Para tal, existem diversos modelos e ferramentas.

O modelo criado na década de 70 por Peter Chen (1990), denominado modelo Entidade-Relacionamento (MER), tem sido há muitos anos, independente das inúmeras modificações ou acréscimos que tenha sofrido, o ponto de referência enquanto técnica para a construção de modelos de dados. Sendo assim, utilizaremos variações dele para construir esse trabalho, buscando modelar dados de maneira simples e prática.

Outrossim, são inúmeras as ferramentas automatizadas que criam e registram esses modelos, com recursos gráficos e textuais diversificados. Porém a construção está, em sua essência, baseada na capacidade de análise, abstração e concretização do contexto sob a forma de dados úteis e no cumprimento fiel das regras estabelecidas pelo tipo de modelo adotado. Logo, independente da disponibilidade ou não de ferramental automatizado, todo o trabalho pode ser desenvolvido (para ese trabalho) com simples papel, lápis e borracha, o que, obviamente não se pode usar como ferramenta em um ambiente de desenvolvimento real e profissional.

2.6 Modelo Entidade-Relacionamento

O Modelo Entidade-Relacionamento (MER) foi estabelecido com o propósito de apoiar o processo de modelagem de dados para a construção de bancos de dados. Com uma representação racional e visual dos dados, sua abordagem é composta por uma **técnica de diagramação** que permite a modelagem conceitual de dados e sua derivação para o modelo físico, apoiando tanto o projeto lógico como o projeto físico de bancos de dados.

Ao longo de sua existência tem sofrido acréscimos, variações e mudanças, tanto para espelhar melhor a realidade e casos mais diversificados quanto para adaptar-se às ferramentas automatizadas eventualmente construídas; mas é possível afirmar que todas as variações possuem a mesma forma básica (Sommerville, 2003).

A verdade é que este modelo, ao longo da curta história dos bancos de dados, tem se mostrado extremamente útil, largamente utilizado e bastante adequado a quase todas as situações reais em que se faz necessária a modelagem de dados.

Como afirma Korth (2006), o modelo ER é um dos modelos com maior capacidade semântica, onde os aspectos semânticos do modelo se referem à representação do significado dos dados.

Neste trabalho adotaremos o modelo como base, mas com inserções ou pequenas modificações particulares ou produzidas por outros estudiosos e que, em menor ou maior grau, melhoraram o estudo inicialmente estabelecido.

2.6.1 Princípio básico

O princípio básico do MER é de que o mundo real é formado por objetos e que estes objetos se relacionam ou, como cita Cougo (1997): "O Modelo de Entidades Relacionamentos descreve o mundo como: '...cheio de coisas que possuem características próprias e que se relacionam entre si'".

De acordo com Korth (2006), o modelo entidade-relacionamento tem por base a percepção de que o mundo real é formado por um conjunto de objetos chamados entidades e pelo conjunto dos relacionamentos entre esses objetos.

Juntamente com esse conceito e princípio básico, as informações requeridas são frutos dos dados existentes no mundo real, dados esses que são características dos mesmos objetos existentes no mundo real e de suas relações. Sendo assim, modelando os objetos e suas relações, encontraremos os dados necessários para a geração de informação requerida.

É importante não confundir o termo objeto aqui utilizado (como elemento existente no mundo real) com o termo objeto tratado na Análise e Projeto Orientado a Objetos que, embora próximo, não significa exatamente a mesma coisa.

2.6.2 Componentes básicos

A abordagem de construção do MER é estabelecida a partir de uma técnica de diagramação e a aplicação de um conjunto de conceitos sobre elementos inseridos nesse diagrama.

Sendo assim, o modelo é composto basicamente de um **diagrama** (parte gráfica) e complementarmente de uma parte descritiva, denominada aqui de dicionário, contendo definições sobre os elementos diagramados.

O diagrama, denominado Diagrama Entidade-Relacionamento (DER), é a parte visual mais importante dentro do processo e à qual daremos maior destaque.

O dicionário serve como instrumento de apoio descritivo aos elementos gráficos representados, haja vista que nem sempre uma representação gráfica é capaz de determinar claramente o que especificamente está se pretendendo representar. Em alguns dos exercícios destacaremos o processo de descrição (dicionarização) dos elementos gráficos representados.

2.6.3 Passos para a construção do MER

Para a construção do MER (diagrama e dicionário) alguns passos globais

podem ser destacados sequencialmente:
1. Conhecer o mundo real;
2. Abstrair os objetos relevantes;
3. Construir o mapa gráfico (DER);
4. Descrever os elementos (dicionarizar);
5. Validar o modelo.

São passos gerais, salientando que o foco deste trabalho estará na construção do diagrama (DER) a partir de casos que simulam os passos 1 e 2 descritos.

2.6.4 Elementos básicos diagrama ER

Sob a ótica de um contexto organizacional ou uma situação específica, o diagrama E-R (DER) busca reproduzir visualmente os objetos e suas relações encontrados neste contexto (nosso mundo real) no sentido de determinar os dados necessários para a geração de informações requeridas.

Para fazer essa representação gráfica ou visual, 3 elementos básicos são utilizados: **ENTIDADE, ATRIBUTO e RELACIONAMENTO**.

A Figura 2.04 mostra a representação gráfica fundamental que será utilizada ao longo do livro para representar cada um desses elementos básicos:

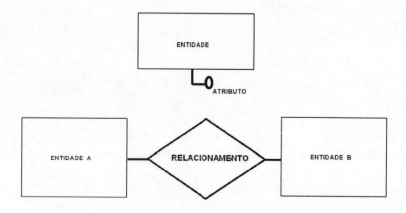

Figura 2.04: Representação gráfica dos elementos básicos dos diagramas ER.

Cada um desses elementos será tratado inicialmente de maneira isolada, buscando a conceituação e caracterização, e posteriormente de forma integrada, caminhando para a construção de modelos E-R para contextos analisados.

Existem ainda extensões dessas figuras básicas, que serão trabalhadas em um capítulo próprio e que têm como objetivo caracterizar melhor algumas situações típicas, tornando o diagrama mais claro e mais rico em informação.

Entidade

3.1 Conjunto de Entidades e Entidade

Quando abordamos o elemento básico **entidade** no processo de construção do MER dois conceitos são importantes: CONJUNTO DE ENTIDADES e ENTIDADE.

Conforme visto anteriormente, os objetos existentes no mundo real são os alvos da análise durante o processo de construção dos modelos.

Uma **ENTIDADE** é um objeto deste mundo real, que pode ser identificado de forma unívoca (Korth, 2006), é relevante no contexto analisado, e que pode ser caracterizado de alguma forma (possui características ou propriedades).

Ests objeto relevante pode ser um elemento concreto ou abstrato. Como concreto podemos considerar qualquer objeto tangível (*que pode ser tangido, tocado ou apalpado; palpável, sensível*) do mundo real. Como abstrato, podemos ter um evento, um ser, uma especificação, uma função ou qualquer outro elemento não tangível do mundo observado.

No DER representamos, com a utilização da figura de um retângulo, os **CONJUNTOS das ENTIDADES** de mesmo tipo (objetos que compartilham mesmas características ou propriedades).

Como exemplo, se em um contexto organizacional, sob a ótica da informação, o objeto Aluno for relevante, cada aluno será uma entidade aluno e, no modelo, representamos o conjunto ALUNO como o conjunto de todos os alunos.

3.2 Terminologia a ser adotada

Embora conceitualmente entidade signifique o elemento em si (objeto), adotaremos como terminologia os seguintes termos: ENTIDADE para referência ao conjunto e INSTÂNCIA DE ENTIDADE para referência a um elemento do conjunto. Como exemplo, podemos ter entidade (ALUNOS) e instâncias (Carlos, Caroline, Cristine,...).

Tal terminologia será adotada com as seguintes justificativas:
- ao referenciarmos e representarmos uma entidade no modelo ER

estamos na verdade representando o conjunto e não um objeto em particular;

– quando tratamos de bancos de dados, referimo-nos muito mais ao conjunto de dados e menos aos elementos singulares que o integram;

– usualmente, no jargão adotado pelos profissionais, o termo ENTIDADE é referenciado muito mais como o conjunto e INSTÂNCIA como o elemento singular.

Portanto, de agora em diante, ao referenciarmos no diagrama uma entidade sabemos que estamos representando um conjunto de instâncias de entidades do mesmo tipo (elementos) e, nos casos em que se fizer necessário adotaremos expressamente o termo instância.

3.3 Identificação de entidades e representação gráfica

Antes de reforçar a representação gráfica, é conveniente lembrar que o modelo representa objetos potencialmente existentes, ou seja, eles podem não existir fisicamente, em um determinado instante, no contexto, mas se fazem presentes conceitualmente. Logo, um conjunto de entidades (ou simplesmente ENTIDADE de agora em diante) representa um conjunto de elementos do mesmo tipo potencialmente existentes.

Um dos aspectos mais difíceis, especialmente para quem é iniciante no processo de construção de modelos, é identificar a presença de uma entidade. Essa análise depende do domínio do contexto analisado e da capacidade de abstração de quem modela. Porém, como orientação para iniciantes no processo, é possível verificar que, em geral (não obrigatoriamente) uma ENTIDADE representa um conjunto de elementos sobre os quais desejamos armazenar dados (não no sentido físico) para satisfazer necessidades de informação da organização. Esssa orientação pode contrariar conceitos mais puros da construção de modelos ER, mas é bem vinda aos novos no assunto.

Para ilustrar e reforçar o que são e como se representa uma entidade, observe a Figura 3.01:

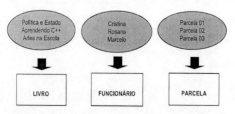

Figura 3.01: Exemplos de ENTIDADES

No primeiro exemplo temos um conjunto de livros. Sendo em um determinado contexto estes objetos relevantes, podemos representá-los sob a forma do conjunto de livros, a nossa entidade "LIVRO". De forma análoga temos a entidade "FUNCIONÁRIO" (conjunto de instâncias de entidades funcionários) e a entidade "PARCELA" (conjunto de instâncias de entidades parcelas).

É possível observar que são objetos de naturezas completamente distintas. O primeiro e o segundo são tangíveis e o terceiro é um objeto totalmente abstrato, pois uma parcela de um pagamento qualquer nada mais é do que um conceito convencionado a respeito de que temos um valor a ser pago em uma determinada data e assim por diante.

Portanto, representar o conjunto dos elementos é bastante simples, ficando a dificuldade real centrada no processo de identificação das entidades, fato que será trabalhado ao longo dos exercícios. Vale salientar que a representação de cada entidade é feita com o desenho do retângulo e o nome da entidade o mais significativo possível em relação aos elementos integrantes daquele conjunto e, obrigatoriamente, no singular.

3.4 Descrição da entidade

Vimos anteriormente que o modelo é composto no seu aspecto principal pelo diagrama (DER), mas que ele pode ser complementado por descrições sobre os elementos visuais representados, estabelecendo um processo que denominamos de dicionarização.

A importância dessa etapa consiste no fato de que apenas a representação gráfica nem sempre é capaz de nos dar toda a informação necessária e de que uma mesma denominação adotada para uma entidade em um modelo pode representar algo, e em outro modelo de outro contexto essa denominação pode representar outra coisa completamente diferente.

Sendo assim, dicionarizar ou descrever sobre cada entidade do diagrama é conveniente e pode facilitar em muito a compreensão por terceiros.

Cabe salientar que ao dicionarizar a entidade não estamos descrevendo o conjunto, mas sim a instância, ou seja, o objeto integrante daquele conjunto. Algumas questões ou definições básicas, ente outras, que podem ser respondidas na descrição de uma entidade são:

o que é o elemento integrante da entidade ?

o que ele faz ou para que serve ?

20 • Modelagem Lógica de Dados: construção básica e simplificada

quais elementos se integram a esta categoria e quais não se integram a ela ?

sua permanência nesta categoria não muda ?

Tomando como exemplo um conjunto de funcionários em um contexto qualquer, podemos ter como representação e descrição do mesmo:

FUNCIONÁRIO

Descrição
Funcionário: *Pessoa física que tem um contrato de trabalho em vigência com a nossa empresa.*

Ao analisar a descrição feita observa-se que somente fazem parte desse conjunto os funcionários da empresa que possuem contrato vigente. Logo, funcionários já demitidos, por exemplo, não fazem parte do conjunto representado. Isso pode parecer insignificante nesse momento, mas é capaz de modificar bastante o modelo e, posteriormente, o banco de dados.

Sem a correspondente descrição, a definição do que é a entidade fica sob a vontade ou os olhos de quem vê apenas o elemento gráfico "FUNCIONÁRIO", o que pode causar diferentes interpretações.

É relevante considerar que as entidades podem sofrer o que denominamos de uma especialização da mesma, ou seja, que dentro deste conjunto de elementos existam subconjuntos que, por necessidade de melhor representação de uma realidade modelada, precisem ser representados. Nesse caso, a dicionarização da entidade passa também pela dicionarização de seus subconjuntos. Esses casos são típicos de especialização, assunto que será tratado de forma mais detalhada no capítulo 7 deste livro.

Erros de dicionarização são comuns, especialmente aqueles que associam o modelo conceitual ao aspecto físico de um projeto de armazenamento. Neste momento, é importante lembrar que estamos em um nível conceitual e lógico, onde a semântica é o fator mais relevante. Como ilustração, um erro típico para a descrição da entidade "FUNCIONÁRIO" exemplificada seria referenciá-la como um meio de armazenamento da seguinte forma: *"**Contém os dados dos funcionários...**"*. Veja que esta dicionarização está voltada para o componente físico e o conjunto de elementos, não se referenciando ao conceito do que é efetivamente um funcionário.

No diagrama não apresentamos a descrição, podendo essa ser feita através de ferramenta apropriada, fato comum hoje a qualquer ferramenta CASE com um mínimo de qualidade. Nos exercícios, quando for solicitada a descrição complementar, essa será feita em texto complementar.

3.5 Exercício 01: definir e representar entidades

Objetivo: Fixar conceito de entidade, sua representação e descrição.

Questões
a) Conceitue Entidade.
b) Qual a finalidade da dicionarização ?
c) Observe atentamente o ambiente de uma sala de aula. A partir dessa observação, represente, sob a forma de DER, o conjunto das carteiras e o conjunto dos tipos de móveis.
  d) Dicionarize cada entidade representada no item c.

3.6 Solução do exercício 01

a) Entidade é um objeto do mundo real que pode ser identificado de forma unívoca, é relevante no contexto analisado e pode ser caracterizado de alguma forma (possui características ou propriedades). Esse objeto pode ser um elemento concreto, um evento, um ser, uma especificação, uma função ou qualquer outro elemento, tangível ou não, do mundo observado.

b) Facilitar a compreensão do modelo por aqueles que não o construíram, de tal forma que Figuras representadas no diagrama não sejam interpretadas de maneira equivocada.

c)

d) **Carteira**: *"É uma carteira para acomodar um aluno na sala de aula"*.
A definição pretende delimitar quais carteiras fazem parte do conjunto representado. Supondo que cada carteira desta sala tivesse uma placa de

identificação do número do patrimônio, poderiam fazer parte deste conjunto as carteiras c01; c02; c03; ...cnn (números hipotéticos para o exemplo).

Tipo de Móvel: *"Representa um tipo de móvel disponível em sala de aula para apoio ao ensino".*

Tipo de móvel, diferente de carteira que era um objeto concreto, é um conceito sobre um elemento físico, e não mais o elemento físico em si. Trata-se, portanto, de um objeto não tangível, abstrato, um conceito. Deste conjunto podem fazer parte, em hipótese, os elementos: quadro-negro, escrivaninha, mesa, armário, televisão, carteira, cadeira. Observe que carteira é aqui um elemento do conjunto "TIPO de MÓVEL". Não se trata mais de uma carteira específica, mas do conceito carteira (um móvel para acomodação do aluno). Sendo assim, para o conjunto "CARTEIRA", cada carteira da sala é um elemento do mesmo, porém, para o conjunto de entidades "TIPO de MÓVEL", o conceito de carteira é que faz parte do conjunto.

Compreender a diferença entre o que representa o termo Carteira no "conjunto Carteira" e o que representa o termo Carteira no conjunto "Tipo_de_Móvel" é fundamental para a identificação de entidades no contexto analisado.

Atributo

4.1 Conceito

Uma entidade possui elementos que caracterizam cada instância da mesma. Esses elementos são denominados atributos. Conceitualmente, um atributo é um elemento de dado que caracteriza uma entidade ou um relacionamento. Em outros termos, um atributo representa uma propriedade descritiva de cada instância de entidade ou instância de relacionamentos ou, como cita Korth (2006), atributos são propriedades descritivas de cada membro de um conjunto de entidades.

Podemos citar como exemplo um automóvel. O mesmo pode ter como atributos os seguintes elementos: cor, ano de fabricação, ano do modelo, número do chassi e outros. São características desse objeto automóvel.

4.2 Valor, domínio e nome do atributo

Representar que uma entidade possui um atributo implica expressar que cada uma das instâncias possui esse atributo e cada uma delas possui seu próprio valor para cada atributo.

No MER cada atributo de cada entidade (conjunto de instâncias) deve assumir um único valor, que pode, ou não, se repetir entre as instâncias de um mesmo conjunto.

Como exemplo, a entidade "FUNCIONÁRIO" (conjunto de instâncias funcionários) pode possuir os atributos *"NomeFuncionário"* e *"DataAdmissãoFuncionário"*. Isso implica que cada funcionário desse conjunto possui seu próprio valor para nome e seu próprio valor para data de admissão. Os valores dos atributos que descrevem as entidades formam, portanto, uma parte bastante significativa dos dados que serão futuramente armazenados em um banco de dados e que vão representar os elementos do mundo real geradores de informação.

Cada atributo possui um conjunto de valores possíveis denominado domínio (Korth,2006). Um domínio pode ser aberto (admite qualquer valor) ou fechado (admite um rol de valores determinados). O domínio do atributo *"NomeFuncionário"* seria aberto, admitindo qualquer valor não nulo e o domínio do atributo *"DataAdmissãoFuncionário"* seria aberto, admitindo qualquer valor de data válida. Por outro lado, um atributo como "*SexoFuncionário*" teria domínio fechado, admitindo, por exemplo, os valores "M" ou "F".

O nome de um atributo é de livre escolha de quem faz o modelo. Contudo, a boa prática recomenda o uso de nomes significativos e preferencialmente que associem o atributo ao elemento que ele caracteriza, seja entidade ou relacionamento. Ao mesmo tempo, é fortemente recomendado que nomes de atributos atendam ao "dialeto" do cliente ou usuário do negócio.

No exemplo dado, o atributo "*NomeFuncionário*" deixa claro do que se trata o atributo em pauta e associa o atributo à entidade funcionário que ele caracteriza. É possível utilizar mnemônicos, de tal modo que os nomes dos atributos não fiquem muito extensos e que possam ficar claros ao mesmo tempo. Na Figura 4.01, os atributos representados estão sob a forma de mnemônicos, facilitando a representação e denominação.

4.3 Representação gráfica

A representação gráfica básica de um atributo está espelhada nas Figuras 4.01 e 4.02.

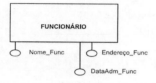

Figura 4.01: Representação gráfica de atributos de uma entidade.

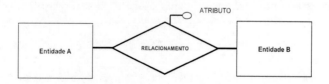

Figura 4.02: Representação gráfica de atributos de um relacionamento.

Embora esta representação seja a mais correta e usual, ao trabalharmos com exercícios de construção de modelos pode ser que a colocação dos atributos no mesmo espaço gráfico das entidades e relacionamentos gere modelos visualmente muito poluídos. Dessa forma, é possível adotar como prática alternativa a representação dos atributos logo abaixo do diagrama ou em folha anexa, sempre informando claramente a qual entidade ou relacionamento determinado atributo está associado.

4.4 Tipos de Atributos

Um atributo do MER é essencialmente um elemento descritivo de características das entidades ou relacionamentos, podendo ser classificado nos seguintes tipos:
atributo descritivo (simples ou composto ou derivado);
atributo referencial;
atributo-chave.

4.5 Atributo descritivo simples

Um atributo descritivo descreve características intrínsecas do objeto que ele pretende caracterizar. Em essência os atributos são sempre descritivos e simples (nesse caso significa que o atributo não está dividido em partes). No exemplo da Figura 4.01, o atributo *"Nome_Func"* é um atributo descritivo simples.

4.6 Atributo descritivo composto

Um atributo descritivo composto difere-se do atributo descritivo simples pelo fato do mesmo poder ser dividido em partes. Optar por representar atributos de maneira composta pode ser uma boa alternativa no sentido de simplificar a representação do mesmo no DER. No caso da Figura 4.01, o atributo *"Endereço_Func"* é um atributo descritivo composto.

Na verdade, esse atributo pode estar representando um conjunto maior com os seguintes atributos: tipo de logradouro, nome do logradouro, número, complemento e assim por diante.

Representar ou não atributos descritivos compostos é uma opção pessoal, mas que requer bom senso, no sentido de não prejudicar a representação dos atributos descritivos simples inseridos na estrutura composta.

4.7 Atributo descritivo derivado

Um atributo descritivo é derivado quando o valor desse atributo pode ser derivado de outros atributos ou mesmo entidades ou relacionamentos a ele relacionados (Korth, 2006).

Como exemplo de derivação de atributos, suponha a entidade "Produto" conforme a Figura 4.03.

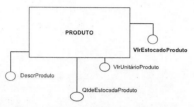

Figura 4.03: Atributo descritivo derivado por outros atributos

Na figura, o atributo *"VlrEstocado"* representa o resultado do produto (*"QtdeEstocada"* ★ *"VlrUnitário"*). Desta forma, o valor para esse atributo, para qualquer instância de "PRODUTO", pode ser obtido a partir de dois outros atributos, caracterizando-o como atributo derivado.

Outra situação seria um atributo cujo valor fosse obtido de um relacionamento. Como exemplo, podemos supor a existência de uma entidade "CURSO" e uma entidade "ALUNO", onde em curso teríamos o atributo *"QtdeAlunosDoCurso"*, que busca quantificar quantos alunos matriculados o curso possui. Nesse caso, existindo uma relação de matrícula entre "CURSO" e "ALUNO", o valor do atributo em pauta seria obtido a partir da quantidade de relações existentes entre um curso e seus alunos. Como o assunto relacionamentos ainda não foi tratado, deixaremos a representação de situação semelhante para ponto posterior, mais especificamente nos exercícios propostos.

4.8 Atributo Referencial

Um atributo é dito referencial quando o mesmo não pertence propriamente ao objeto (entidade ou relacionamento) onde está alocado, mas faz algum tipo de citação ou ligação desse objeto com outro. Desta forma, um atributo referencial não descreve características intrínsecas dos objetos, mas representa relacionamentos entre objetos quaisquer.

Como exemplo, suponha a entidade "FUNCIONÁRIO" com atributos conforme Figura 4.04.

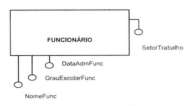

Figura 4.04: Atributo referencial

Neste exemplo, o atributo *"SetorTrabalho"* representa o nome do setor onde um determinado funcionário do conjunto funcionário trabalha. É possível afirmar que esse atributo não caracteriza intrinsecamente a entidade "FUNCIONÁRIO", mas sim um objeto não representado que seria a entidade "SETOR" (representando o conjunto de instâncias de entidades "SETOR"). A não representação da entidade "SETOR" e uma eventual necessidade de informação sobre o nome do setor onde um funcionário trabalha pode levar a essa representação.

De maneira mais pura, recomenda-se a representação do outro objeto ("SETOR" para o exemplo dado) e sua caracterização com o nome e, para identificação do nome do setor de trabalho do funcionário, o estabelecimento de uma relação entre ambos.

O uso da representação de atributo referencial não é recomendado e essa somente é utilizada quando o objeto de origem do atributo não estiver representado no modelo e não houver nenhum prejuízo de domínio de informação ou de projeto de dados dessa não representação.

Por princípio, ao longo dos exercícios essa representação não será adotada.

4.9 Atributo-Chave

O atributo-chave é uma inserção de conceitos voltados para sistemas de informação baseados em computador sobre o modelo conceitual puro. De fato, o atributo-chave é uma inclinação para o modelo físico, mas que é

28 • Modelagem Lógica de Dados: construção básica e simplificada

extremamente útil para o aprendizado de construção de modelos ER.

Conceitualmente, um atributo-chave é um atributo descritivo que permite a identificação unívoca de uma instância da entidade, isto é, dentro todos os elementos de um determinado conjunto, apenas um deles poderá assumir determinado valor para aquele atributo definido como atributo--chave.

Para escolha do atributo-chave, deve-se primeiramente verificar quais atributos são candidatos a esta caracterização. É o que denominamos inicialmente de chave candidata. Podemos ter mais de um atributo como candidato a atributo-chave, ou seja, existe mais de um atributo ou combinação de atributos possuindo a propriedade de identificação única.

Como exemplo, podemos ter uma entidade EMPREGADO, com vários atributos candidatos ou várias chaves candidatas: Matrícula, CPF, RG, Titulo Eleitor. Nesse exemplo, esses seriam inicialmente os atributos candidatos a ser atributo-chave. Portanto, a escolha do atributo-chave se dá a partir das chaves candidatas existentes.

Como princípio para escolha do atributo-chave, entre os atributos descritivos representados e candidatos (para esse atributo o valor assumido por uma instância do conjunto entidade não poderá ser repetido por outra instância do mesmo conjunto) escolhe-se um que se caracterize por ser o mais apropriado ou mais usual no contexto analisado.

Não existindo um atributo que atenda a essa característica, cria-se um atributo artificial (como um número de identificação, por exemplo).

Mesmo existindo atributo que atenda a essa condição, cabe uma análise se esse é indicado o suficiente para servir como atributo-chave, levando em consideração o contexto. Sendo assim, a criação de atributos artificiais para servirem como atributo-chave é comum a qualquer contexto.

Para exemplificar, vamos usar a Figura 4.04 como base. Para esse caso, a entidade "FUNCIONÁRIO" possui uma série de atributos.

Entretanto, nenhum deles possui a propriedade de ser unívoco, isto é, de assumir valores que não se repitam entre as instâncias do conjunto. Podemos ter mais de um funcionário com o mesmo nome, ou a mesma data de admissão ou o mesmo grau de escolaridade (estamos descartando o atributo referencial "SetorTrabalho"). Nesse caso, a única solução passa a ser a criação de um novo atributo, no caso o atributo "MatrículaFunc", cujo valor por convenção passa a ser único para cada funcionário do conjunto de funcionários.

Nesse caso, adotaremos para o atributo-chave representação conforme a Figura 4.05.

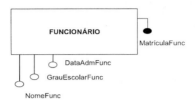

Figura 4.05: Representação de atributo-chave

Caso a representação dos atributos não seja feita no mesmo espaço visual do diagrama ER, ao citarmos o atributo-chave o mesmo será identificado pelo símbolo • posto à frente do seu nome.

A colocação de atributos e suas respectivas caracterizações como descritivo, chave ou referencial, pode ser acompanhada pela validação do modelo a partir da análise das denominadas regras de normalização, assunto a ser tratado no capítulo 11.

De maneira análoga, é de suma importância observar que toda a identificação de atributos está intimamente associada às regras de negócio do ambiente ou contexto que está sendo modelado.

Sendo assim, mesmo sendo bastante intuitiva a identificação de atributos (de entidades ou de relacionamentos), é sempre importante aplicar as regras de normalização para verificação da validade do modelo construído e validar qualquer atributo com as regras impostas pelo ambiente do sistema modelado.

4.10 Descrição do Atributo

Da mesma forma como as entidades precisam ser descritas complementarmente para melhor entendimento do DER, os atributos são descritos através do processo de dicionarização.

Todo atributo colocado, independente do seu tipo, está sujeito a interpretação diversificada. Atribuir nomes bastante representativos para os atributos pode facilitar a compreensão visual do diagrama ER, mas nem sempre isso representa garantia de correto entendimento do seu significado.

Ao dicionarizar um atributo as seguintes questões ou definições básicas, entre outras, podem ser respondidas:

30 • Modelagem Lógica de Dados: construção básica e simplificada

o que significa o atributo e qual a finalidade do mesmo ?
seu valor modifica com o tempo ?
qual seu domínio de valores ?

Tomando como exemplo o atributo *"GrauEscolarFunc"* da Figura 4.05, podemos ter sobre este atributo as seguintes interpretações:

GrauEscolarFunc: *Indica qual o grau de escolaridade formal atual do funcionário.*

ou:

GrauEscolarFunc: *Indica o grau escolar formal do funcionário quando do seu ingresso na empresa.*

Ambas definições são possíveis, concluindo-se que apenas o nome do atributo nem sempre é suficiente para que o leitor do DER conheça o real significado do atributo representado. Supondo a primeira definição como correta, ela ainda pode ser complementada com domínio, admitindo para esse caso um domínio fechado. Sendo assim, a dicionarização completa para esse atributo pode ser:

GrauEscolarFunc: *Indica qual o grau de escolaridade formal atual do funcionário. Admite os seguintes valores: 1 (fundamental); 2 (médio) ou 3 (superior).*

Feita a dicionarização, fica clara a definição do atributo em pauta, não se abrindo espaço para interpretações dúbias.

4.11 Exercício 02: conceituar e representar atributos

Objetivo: Fixar conceito de atributo, sua representação e descrição.

Questões
a) Conceitue Atributo.
b) Para cada entidade representada no exercício 01 ("CADEIRA" e "TIPO DE MÓVEL") identifique dois atributos capazes de caracterizar os elementos das mesmas.
c) Para uma entidade denominada "DISCIPLINA", desenhe essa entidade e represente 3(três) atributos que a caracterizam (supondo um contexto universitário).
d) Dicionarize os atributos representados.
e) Determine um atributo-chave para a entidade "DISCIPLINA".
f) Suponha que os seguintes atributos fossem alocados em "DISCIPLINA": ProfessorDisc; CursoDisc; AlunosDisc; NomeDeptoDisc. Para cada atributo, comente sobre essa alocação.

4.12 Solução do exercício 02

a) Um atributo é um elemento de dado que caracteriza uma entidade ou um relacionamento. Em outros termos, um atributo representa uma propriedade descritiva de cada instância de entidades ou instância de relacionamentos.

b) CADEIRA   (*NroCarteira; CorCarteira*).
TIPO DE MÓVEL (*DescriçãoTipoMóvel; FinalidadeTipo*).

c)

d) CodDisc: Número que identifica univocamente cada disciplina da faculdade.
NomeDisc: Nome da disciplina.
CargaHoráriaDisc: Carga horária semestral da disciplina.

Observe que para os atributos *"CodDisc"* e *"NomeDisc"* provavelmente não surgem dúvidas quanto ao seus significados. Porém, para *"CargaHoráriaDisc"* apenas com a dicionarização é que podemos saber que essa carga horária se refere à carga horária do semestre e não semanal, por exemplo.

e)
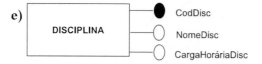

f) "ProfessorDisc": a alocação deste atributo em "DISCIPLINA" estaria errada por dois motivos: primeiro que conceitualmente o nome do professor não caracteriza a disciplina em si, mas o professor. Isso poderia ser desconsiderado caso tratássemos *"ProfessorDisc"* como um atributo referencial. Entretanto, esse erro se agrava ao lembrarmos que para uma mesma disciplina podemos ter mais de um professor. Levando em consideração que cada atributo admite um único valor para cada extensão do conjunto, fica a questão: onde iriam os nomes dos demais professores além do primeiro? Sendo assim, para sabermos os nomes dos professores que lecionam essa disciplina, por exemplo, será necessário criar a entidade "PROFESSOR" e dessa estabelecermos associações com as disciplinas, assunto tratado a partir do item 3.8.

"CursoDisc" e "AlunosDisc": a análise feita é análoga a do atributo *"ProfessorDisc"*, portanto são alocações indevidas.

"NomeDeptoDisc": aqui a alocação do atributo recai no caso de atributo referencial. É fácil compreender que o nome do departamento não caracteriza a disciplina em si e sim, de forma mais específica, o departamento a que ela está subordinada.

Logo, do ponto de vista conceitual essa alocação não é recomendada. Adicionalmente, cada departamento acadêmico terá mais de uma disciplina a ele subordinada.

Sendo assim, repetir esse nome em cada disciplina, a partir da alocação desse atributo na entidade "DISCIPLINA", implicaria posteriormente, em um banco de dados em que provavelmente cada disciplina carregaria este nome.

Supondo uma mudança no nome do departamento isto acarretaria na alteração desse nome em tantos "registros" de disciplina quantas fossem as subordinadas ao mesmo. É um problema físico futuro, mas que seria causado por uma má interpretação conceitual e lógica nesse momento. Logo, a solução mais adequada para uma eventual necessidade de informação sobre o nome do departamento a que se subordina a disciplina é a inserção no modelo da entidade "DEPARTAMENTO" e sua associação com a disciplina, conforme assunto a ser tratado mais adiante.

Relacionamento

5.1 Conjunto de Relacionamentos e Relacionamento

De forma análoga às entidades, quando abordamos o termo relacionamento no processo de construção do MER dois conceitos são importantes: o **conjunto de relacionamentos** e **relacionamento**.

Como visto, os objetos existentes no mundo real são os principais alvos da análise no processo de construção dos modelos. Porém, estes objetos não coexistem de maneira isolada, isto é, os mesmos relacionam-se entre si, e estas relações ou associações são importantes para a caracterização dos dados relevantes de um contexto.

Conceitualmente um **Relacionamento** é uma associação entre uma ou várias entidades. Um relacionamento demonstra como um objeto (instância de entidade) se comporta em relação a outros, qual o seu grau de dependência dos demais e qual a associação de dados entre eles.

Como exemplo, podemos supor um conjunto **A** com as instâncias ($a1$, $a2$, $a3$, $...an$); e um conjunto **B** com as instâncias ($b1$, $b2$, $b3$, $...bn$). Nesse caso, podemos ter relacionamentos entre estes elementos. Por exemplo, o elemento $a1$, pode ter um relacionamento $r1$ com o elemento $b3$; o elemento $a2$ um relacionamento $r2$ com o elemento $b1$; o elemento an pode ter um relacionamento rn com bn e assim por diante. Se cada um desses relacionamentos citados ($r1$, $r2$ e rn) for do mesmo tipo, isto é, caracterizam um mesmo tipo de associação entre os elementos de **A** e **B**, então ($r1$, $r2$ e rn) formam um **Conjunto de Relacionamentos**. No DER representamos o conjunto de relacionamentos de mesmo tipo.

5.2 Terminologia a ser adotada

Embora conceitualmente relacionamento signifique uma associação, adotaremos como terminologia os seguintes termos: RELACIONAMENTO para referência ao conjunto de relacionamentos e INSTÂNCIA DE RELACIONAMENTO para referência a um elemento do conjunto. Tal terminologia será adotada com base em justificativas análogas àquelas dadas para as entidades.

Portanto, de agora em diante, ao referenciarmos no diagrama um relacionamento sabemos que estamos representando um conjunto de instâncias de relacionamentos do mesmo tipo (elementos) e, nos casos em que se fizer necessário, adotaremos expressamente o termo instância.

5.3 Representação gráfica

A Figura 5.01 representa os relacionamentos entre elementos de dois conjuntos e a representação dos mesmos sob a notação gráfica adotada.

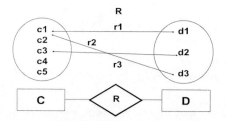

Figura 5.01: Conjuntos de entidades e a representação de relacionamentos

No Figura 5.01, r1 é o relacionamento entre c1 e d1; r2 entre c1 e d3; e r3 entre c3 e d2. Sendo todos esses relacionamentos do mesmo tipo, isto é, estão representando o mesmo tipo de associação entre um elemento de **C** com um elemento de **D**, então eles formam um conjunto de relacionamentos **R**, cuja representação é feita pela figura do losango.

É importante lembrar que entre entidades de um contexto podem existir inúmeros diferentes tipos de relacionamentos. Porém, nem todos são significativos no contexto analisado do ponto de vista da informação requerida. Logo, apenas os tipos de relacionamentos relevantes deverão ser considerados para representação. Para representação gráfica do conjunto de relacionamentos utilizamos a figura de um losango, conforme Figura 5.01, com o nome do relacionamento escrito dentro do losango. O nome a ser dado para o relacionamento deve ser significativo, permitindo que a leitura visual do modelo seja capaz de transmitir da melhor maneira possível o que se está representando.

Para exemplificar um relacionamento, consideremos as seguintes entidades: "DEPARTAMENTO" (representando o conjunto de departamentos de uma empresa) e "FUNCIONÁRIO" (representando o conjunto de funcionários da empresa). Se desejarmos saber qual é o funcionário que exerce a gerência de um departamento, podemos associar (relacionar) o departamento com o funcionário que está gerenciando este departamento através de um relacionamento, conforme Figura 5.02.

Figura 5.02: Exemplo de relacionamento.

Observe que a figura do relacionamento não denota uma instância em específico, mas o conjunto de relacionamentos do mesmo tipo entre os objetos dos dois conjuntos. Sendo assim, entre funcionário e departamento existem **n** relacionamentos de gerência, associando funcionário com departamento e vice-versa.

Outra consideração é também importante: pode ser que em determinado momento a empresa não tenha funcionários, o que não invalida o modelo; ou mesmo que os departamentos todos estejam sem funcionários gerenciando, portanto não existem relacionamentos desse tipo em um determinado momento. Em qualquer um dos casos, o que a figura mostra é que entre esses objetos há um conjunto de instâncias de relacionamentos potencialmente existentes do ponto de vista concreto e que, ao se concretizarem são de interesse para o contexto.

Essa representação ainda não está completa, pois falta o mapeamento das restrições que veremos logo adiante.

5.4 Representar Relacionamento, Entidade ou Atributo ?

Um dos aspectos mais difíceis, especialmente para quem é iniciante no processo de construção de modelos, é identificar a presença de um relacionamento.

Da mesma forma, em várias ocasiões nos deparamos com dificuldades no sentido de saber se temos um atributo ou se temos uma relação entre objetos que caracterizam o contexto. Em outros termos, em determinados momentos temos dúvida se devemos colocar um atributo em uma entidade ou se temos um novo relacionamento entre conjuntos distintos (fato explicado pela definição de atributo referencial). De forma análoga, em outras situações surgirão dúvidas se um determinado objeto deve ser representado sob a forma de entidade ou relacionamento.

Em todos esses casos, a análise do contexto e a prática constante são os pontos fundamentais. Isso significa que não existe regra, mas sim capacidade de análise. Como afirma Korth (2006), nem sempre fica claro se um objeto é melhor expresso por um conjunto de entidades ou por um conjunto de relacionamentos. As distinções dependem principalmente do ambiente que está sendo modelado.

Contudo, como forma de facilitar, em geral é possível descrever um relacionamento sobre a forma de uma ação entre partes, um atributo como uma característica e uma entidade como um objeto.

Para tratar desse problema, em alguns exercícios serão feitas considerações sobre representação alternativa e suas vantagens ou desvantagens, no intuito de trazer ao leitor a possibilidade de exercitar e analisar sua solução.

5.5 Descrição do relacionamento

Já vimos que além da parte gráfica o modelo é composto por uma parte descritiva que permite melhor entendimento do diagrama. Ao descrever um relacionamento não estamos descrevendo o conjunto, mas sim a instância, ou seja, o objeto integrante daquele conjunto. As questões básicas que podem ser respondidas na descrição de um relacionamento são:

qual é a função da associação e o que ela representa ?

quais são as regras do seu estabelecimento ?

quando ocorre ou quando deixa de ocorrer ?

Tomando como exemplo o relacionamento "Gerencia" da Figura 5.02, podemos descrever:

Descrição:

Gerencia: *Representa qual é o funcionário que está ocupando oficialmente, como titular, a função de gerente de um departamento.*

A definição não deixa dúvidas, por exemplo, se ela está representando os funcionários que já foram gerentes do departamento, ou quem está substituindo o gerente titular. Se não houver essa clara definição, as interpretações ficam sob a ótica própria do leitor do diagrama.

Para melhor compreensão de como dicionarizar cada um dos elementos, na maioria das soluções dos exercícios propostos existe uma parte dedicada à dicionarização dos elementos e da mesma forma nos estudos de casos.

5.6 Classificação dos relacionamentos quanto ao número de elementos envolvidos

Os relacionamentos podem envolver 2, 3 ou mais elementos (instâncias de entidades). Envolvendo 2 elementos (n=2) eles são denominados Relacionamentos Binários (Figura 5.03). Quando o número de elementos envolvidos é igual a 3 (n=3) eles são denominados Relacionamentos Ternários (Figura 5.04) e quando o número de elementos envolvidos é maior que 3 (n >3) eles são denominados Relacionamentos Múltiplos (Figura 5.05).

Figura 5.03: Representação de relacionamento binário

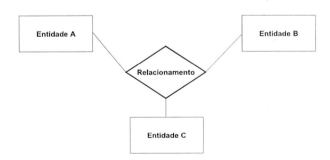

Figura 5.04: Representação de relacionamento ternário

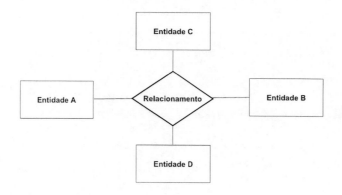

Figura 5.05: Representação de relacionamento múltiplo

Neste livro, o capítulo 6 trata dos relacionamentos binários e o capítulo 8 trata dos relacionamentos ternários. A análise para relacionamentos ternários é extensível para os relacionamentos múltiplos, elevando-se apenas a quantidade de elementos envolvidos.

Na maior parte das situações os relacionamentos são binários, depois em menor escala eles se apresentam sob a forma de relacionamentos ternários e assim por diante.

As análises dos relacionamentos binários e ternários apresentam diferenças entre elas que serão tratadas ao longo do livro.

Por se tratar da grande maioria dos casos dos relacionamentos, este trabalho está mais voltado para os relacionamentos binários, porém os relacionamentos ternários serão também tratados, em menor escala, permitindo sua extensão para os casos dos relacionamentos múltiplos.

Outrossim, grande parte dos relacionamentos ternários pode ser redesenhada sob a forma de relacionamentos binários, prática comum na construção dos MER.

5.7 Mapeamento de restrições: Cardinalidade e Obrigatoriedade

Ao mapearmos um relacionamento, além da representação gráfica do mesmo é necessário também representar duas restrições presentes em todo relacionamento: a Cardinalidade e a Obrigatoriedade (ou dependência de existência), conforme exemplifica a Figura 5.06.

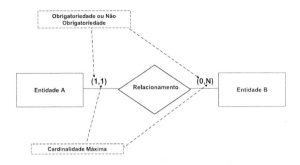

Figura 5.06: Representação de cardinalidade máxima e obrigatoriedade

Esse mapeamento está associado obviamente ao contexto que está sendo analisado.

O mapeamento da **cardinalidade ou cardinalidade máxima** expressa o número máximo de entidades (extensões) às quais outra entidade pode estar associada. A cardinalidade é muito importante, pois afeta a colocação dos atributos nos relacionamentos, afeta a flexibilidade do modelo e implica diretamente no modelo físico posterior.

Ao longo dos tipos de relacionamentos que serão trabalhados será observado que a cardinalidade máxima pode assumir os seguintes valores: 1 (um) ou N (muitos), não importando para efeitos de representação valores máximos absolutos como 2, 7, 8, etc.

A **obrigatoriedade ou dependência de existência ou cardinalidade mínima** aponta se uma instância de entidade é obrigada ou não a participar de um relacionamento representado.

Para exemplificar, podemos supor uma entidade "FUNCIONÁRIO" e outra entidade "DEPENDENTE" (Figura 5.07). Havendo entre elas o relacionamento "Dependência", parece claro que nem todo funcionário é obrigado a ter dependente, porém, cada dependente, a primeira vista, parece obrigado a ter relação de dependência com algum funcionário. Sendo assim, um funcionário qualquer não é obrigado a estar relacionado a um dependente, porém, todo dependente é obrigado a estar associado a 1(um) elemento do conjunto funcionário sob uma relação de dependência.

42 • Modelagem Lógica de Dados: construção básica e simplificada

Figura 5.07: Representação de cardinalidade máxima e obrigatoriedade

Pela figura, é possível observar que a obrigatoriedade pode assumir os seguintes valores: 0 (não obrigatório) ou 1 (obrigatório).

Trataremos tanto a cardinalidade como a obrigatoriedade de forma mais detalhada no item que aborda os relacionamentos binários e no item que trata dos relacionamentos ternários, haja vista que a representação e classificação apresentam pequenas diferenças entre elas.

5.8 Exercício 03: conceituar e classificar relacionamentos

Objetivo: Fixar conceitos sobre relacionamentos

Questões
a) Conceitue Relacionamento.
b) Classifique os relacionamentos quanto ao número de objetos envolvidos.
c) Supondo um contexto de uma sala de aula, qual seria a cardinalidade máxima de um professor em relação aos alunos e dos alunos em relação ao professor.
d) Cite 3 (três) associações entre objetos do mundo real.

5.9 Solução do exercício 03

a) Um **RELACIONAMENTO** é uma associação entre uma ou várias entidades
b) Binários: quando envolvem 2 instâncias ou objetos.
Ternários: quando envolvem 3 instâncias ou objetos.
Múltiplos: quando envolvem mais que 3 instâncias ou objetos.
c) Do professor em relação aos alunos seria (N) ou Muitos, isto é, um professor pode se associar a vários alunos.
Dos alunos em relação ao professor seria (1) ou Um, isto é, um aluno pode se associar a um único professor.

d) Aluno **cursa** Disciplina
Atleta **pratica** Esporte
Empresas **empregam** Pessoas

Relacionamentos Binários

Já vimos que relacionamentos são denominados binários quando envolvem 2 instâncias de entidades e que a maior parte dos casos de relacionamentos enquadra-se nessa classificação.

Os relacionamentos binários podem ser classificados em 3 tipos básicos, que dependem essencialmente da cardinalidade expressa pelo relacionamento. Estes 3 tipos básicos são: Um:Um (Um para Um); Um:Muitos (Um para Muitos) e Muitos:Muitos (Muitos para Muitos) (Korth, 2006).

Na medida em formos trabalhando com cada um desses tipos estaremos também tratando das restrições de Cardinalidade e Obrigatoriedade.

6.1 Relacionamento Binário Um:Um

6.1.1 Definição

Um relacionamento é denominado Um:Um (ou então 1:1) quando temos a seguinte regra de Cardinalidade: "Um elemento de um conjunto (A) pode estar associado a no máximo um elemento de outro conjunto (B) e; um elemento do conjunto (B) pode estar associado a no máximo um elemento do conjunto (A)."

A Figura 6.01 expressa um exemplo com dois conjuntos de elementos entre os quais existe uma relação binária do tipo Um:Um. Nesse caso de relacionamento, nenhum elemento de (A) poderá estar associado a mais de um elemento de (B) e vice-versa.

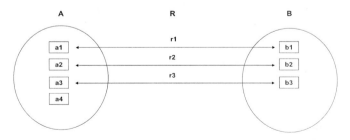

Figura 6.01: Relacionamento binário do tipo Um:Um (sob a forma de conjuntos)

Esse relacionamento é desenhado no DER da seguinte forma:

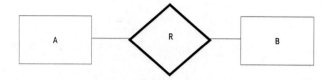

Figura 6.02: Representação parcial do relacionamento (R) entre (A) e (B) (sem cardinalidade e obrigatoriedade)

A Figura 6.02 expressa o relacionamento, porém não expressa a regra de **cardinalidade** embutida nele. Desta forma, a cardinalidade seria indicada da seguinte forma:

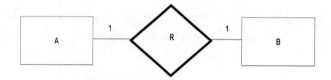

Figura 6.03: Representação parcial do relacionamento (R) entre (A) e (B) (sem representar a obrigatoriedade)

Nessa figura, o "**1**" do lado direito (junto da entidade B) indica que dado um elemento qualquer de (A) o mesmo pode estar associado a no máximo 1 (um) elemento do conjunto (B). Por outro lado, o "**1**" do lado esquerdo (junto da entidade A), indica que dado um elemento qualquer de (B) pode estar associado a no máximo um elemento do conjunto (A). Sendo assim, fica representada a cardinalidade do relacionamento (R), que deve ser representada nos dois sentidos.

Entretanto, a representação deste relacionamento ainda não está completa, pois falta a indicação da **obrigatoriedade**.

Foi visto que a obrigatoriedade ou dependência de existência aponta se uma extensão de entidade é obrigada ou não a participar de um relacionamento representado. Essa obrigatoriedade não diz respeito a um momento específico, mas sim a qualquer instante, ou seja, pode ser que em um determinado momento todos os elementos de um conjunto (A) estejam associados a pelo menos 1(um) elemento de um conjunto (B). Isto não significa que haja obrigatoriedade. A mesma só existirá quando, a qualquer momento, sempre um elemento de (A), por exemplo, vai estar associado a um elemento de (B).

A obrigatoriedade deve ser representada nos dois sentidos [(A) em relação a (B)] e [(B) em relação a (A)]. Logo, pode haver obrigatoriedade em um sentido e não haver em outro.

Observando a Figura 6.01 vemos que o elemento _a4_ do conjunto (A) não está associado a nenhum elemento do conjunto (B). Portanto, elementos do conjunto (A) não são obrigados a participar da relação (R). Isso caracteriza que elementos de (A) não possuem dependência de existência em relação a (B).

Por outro lado, a Figura 6.01 mostra que todos os elementos de (B) estão associados a elementos de (A). Se esse fato acontecer sempre, isto é, se qualquer novo elemento inserido em (B) tiver que manter uma associação com um elemento de (A), significa que elementos de (B) são obrigados (ou possuem dependência de existência) a se relacionarem com (A). Caso contrário, aplica-se a não obrigatoriedade.

Desta forma, a representação completa do relacionamento (R) entre (A) e (B) ficaria conforme exposto na Figura 6.04:

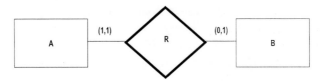

Figura 6.04: Representação completa do relacionamento (R) entre (A) e (B)

Por essa Figura 6.04, a indicação **(0,1)** junto à entidade (B) significa que, dado um elemento qualquer de (A), o mesmo pode estar associado a no máximo 1(um) elemento de (B), sem obrigatoriedade, isto é, um elemento de (A) pode estar ou não associado a um elemento de (B). Já a indicação **(1,1)** junto a entidade (A) significa que, dado um elemento qualquer de (B), o mesmo vai estar sempre (**obrigatoriedade**) associado a 1(um e somente 1) (**máximo ou cardinalidade**) elemento de (A).

O tipo de relacionamento (Um:Um) é determinado pelos números indicados a direita dentro de cada parênteses.(1,<u>1</u>) e (0,<u>1</u>).

Para melhor ilustração, segue exemplo mais concreto de um relacionamento binário (Um:Um). Suponha, então, a seguinte situação em uma empresa qualquer:

"Em uma empresa, um Funcionário pode gerenciar ou não uma e somente uma Divisão e cada Divisão da empresa pode ser gerenciada por um único Funcionário".

Assumindo que dentro de um contexto analisado as figuras Funcionário e Divisão sejam entidades e que Gerenciar seja um relacionamento entre eles, podemos exemplificar essa situação sob a forma de conjuntos como segue:

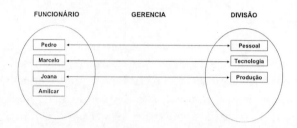

Figura 6.05: Exemplo sob a forma de conjuntos de relacionamento binário Um:Um

A proposta do modelo ER através de seu diagrama é possibilitar que esta e outras situações possam ser modeladas de maneira genérica, sem expor os conjuntos como acima e sem necessidade de utilizar textos (muitas das vezes dúbios) para caracterizar contextos. Sendo assim, a partir da situação exemplo exposta, o diagrama ER que a representaria ficaria da seguinte forma:

Figura 6.06: DER de situação exemplo com relacionamento Um:Um

A Figura 6.06 apresenta, então, um relacionamento binário (envolve duas instâncias de entidades) do tipo Um:Um (o máximo de um lado é **1** e do outro lado também é **1**) e não há obrigatoriedade em nenhum sentido.

A não obrigatoriedade de um funcionário em relação à divisão pode ser explicada da seguinte forma: dado um funcionário qualquer, o mesmo pode

Capítulo 6 Relacionamentos Binários • 49

ser gerente de alguma divisão ou não ser gerente de nenhuma divisão, afinal, na empresa certamente deverão existir apenas alguns funcionários exercendo o papel de gerente de alguma divisão. Logo, um funcionário pode estar associado a no máximo uma divisão em uma relação de gerência ("Gerencia"), o que significa que ele não pode acumular gerências de divisão, assim como teremos funcionários que não são gerentes de divisão. Assim a não obrigatoriedade representada pelo "**0**" junto à entidade "DIVISÃO" fica entendida.

Por outro lado, poderia surgir dúvida quanto à não obrigatoriedade de uma divisão qualquer em relação ao funcionário que a gerencia. "DIVISÃO", enquanto um conjunto de divisões, pode possuir vários elementos. É possível imaginarmos que uma divisão da empresa (unidade organizacional da nossa empresa exemplo), em um determinado momento, pode não ter ninguém que a esteja gerenciando. Por mais que isso seja ruim do ponto de vista organizacional, a existência da unidade organizacional divisão independe da existência de um funcionário que esteja na função de gerente da mesma. Em outras palavras, dada uma divisão qualquer, ela existe mesmo que não tenha momentaneamente um funcionário gerente. Portanto, como não existe nesta relação "Gerencia" uma dependência de existência de "DIVISÃO" em relação a "FUNCIONÁRIO", podemos afirmar que não é obrigatório que toda divisão tenha sempre um funcionário gerente da mesma.

Reforçando com uma situação bastante hipotética: imagine que hoje pela manhã o funcionário Pedro, atual gerente da Divisão de Tecnologia, pediu demissão de maneira irrevogável, desligando-se da empresa de imediato. A Divisão de Tecnologia não deixou de existir e, enquanto o diretor--geral não determinar novo gerente, essa ficará sem funcionário associado a ela na condição de gerente (relação "Gerencia"). Esta não obrigatoriedade está exposta no "**0**" junto a entidade "FUNCIONÁRIO".

Toda essa representação de obrigatoriedade e cardinalidade é utilizada de forma análoga aos demais tipos de relacionamentos binários conforme exposto mais a frente. Sendo assim, em situações similares não detalharemos para poder tornar o estudo e a explanação mais objetiva.

6.1.2 Atributos do relacionamento

Um relacionamento pode ser caracterizado por atributos. Para o exemplo da Figura 6.06 podemos ter como necessidade de informação saber a partir de que data um determinado funcionário iniciou sua gestão como gerente de uma determinada divisão. Nesse caso, o que estamos efetivamente caracterizando é o relacionamento "Gerencia". Sendo assim, o atributo que denota esta informação seria, por exemplo, *"DataInícioGerência"* e seria colocada no relacionamento que ele caracteriza, conforme Figura 6.07.

É possível admitir também que atributos de relacionamentos Um:Um sejam alocados não no relacionamento em si, mas em uma das entidades que formam o relacionamento. Essa opção é obrigatória em determinadas notações gráficas. Contudo, aqui adotaremos o princípio de que atributos devem ser alocados sob o objeto (Entidade ou Relacionamento) que os mesmos caracterizam, a não ser que outra representação deixe o modelo com melhor entendimento.

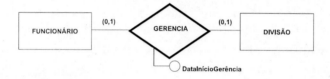

Figura 6.07: Representação de atributo em relacionamento binário Um:Um.

6.2 Relacionamento Binário Um:Muitos

6.2.1 Definição

Um relacionamento é denominado Um:Muitos (ou então 1:N) quando temos a seguinte regra de Cardinalidade: "Um elemento de um conjunto (A) pode estar associado a muitos (N) elementos de outro conjunto (B) e; um elemento do conjunto (B) pode estar associado a no máximo um elemento do conjunto (A)." A Figura 6.08 mostra exemplo desse tipo de relacionamento:

Capítulo 6 Relacionamentos Binários • 51

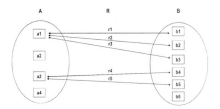

Figura 6.08: Relacionamento binário do tipo Um:Muitos (sob a forma de conjuntos)

Esse relacionamento é desenhado no DER da seguinte forma:

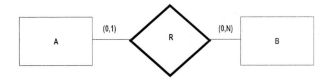

Figura 6.09: Representação do relacionamento (R) do tipo Um:Muitos entre (A) e (B)

No caso da Figura 6.09, a mesma expressa, com a letra "**N**" junto à entidade (B), que dado um elemento do conjunto (A), o mesmo pode estar associado a vários (**N**) elementos da conjunto (B) – caso dos relacionamentos r1,r2 e r3 para o elemento a1 da Figura 6.08.

Por outro lado, um elemento de (B) pode estar associado a, no máximo, 1(um) elemento do conjunto (A). Portanto, o relacionamento Um:Muitos é identificado a partir dos indicadores sublinhados a seguir: (1,**1**) e (0,**N**), que expressam o número máximo de instâncias às quais cada instância de entidade pode estar associada em relação a outra.

Se esse relacionamento (R) fosse representado de forma inversa, ou seja, com a entidade (B) do lado esquerdo do diagrama e a entidade (A) do lado direito do diagrama, o relacionamento poderia ser dito Muitos:Um (Muitos para Um) haja vista que as indicações de cardinalidades seriam invertidas também. Portanto, Um:Muitos ou Muitos:Um representam o mesmo tipo de relacionamento, pois dependem apenas da ordem adotada no diagrama.

Ainda sobre a Figura 6.09, o diagrama indica que dado um elemento de (B) o mesmo não é obrigado a estar associado a um elemento e (A) e dado um elemento de (A) o mesmo não é obrigado a estar associado a um elemento de (B). Essa não obrigatoriedade está exposta através do "0" colocado à frente a cada uma das cardinalidades indicadas.

Obviamente essa situação não é repetida em todos os relacionamentos Um:Muitos, devendo sempre ela ser representada de acordo com o contexto analisado.

Para melhor compreensão segue exemplo mais concreto de um relacionamento binário Um:Muitos. Suponha a seguinte situação em uma empresa qualquer:

"Em uma empresa, uma <u>Divisão</u> pode ter vários <u>Funcionários</u> <u>lotados</u> e todo funcionário deve sempre estar lotado em uma e somente uma divisão".

Assumindo que nesse contexto as figuras Funcionário e Divisão são entidades e que Lotados seja um relacionamento entre as mesmas, podemos exemplificar essa situação sob a forma de conjuntos, da seguinte maneira:

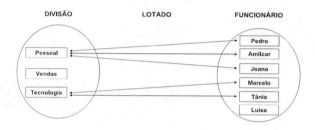

Figura 6.10: exemplo, sob a forma de conjuntos, de relacionamento binário do tipo 1:N

A proposta do DER é possibilitar que essa e outras situações possam ser modeladas de maneira genérica, sem a necessidade de expor os conjuntos como acima e sem necessidade de utilizar textos (muitas das vezes dúbios) para caracterizar contextos. Sendo assim, a partir da situação exemplo exposta, o DER que a representa ficaria da seguinte forma:

Figura 6.11: DER da situação exemplo de um relacionamento Um:Muitos

A Figura 6.11 (DER) apresenta um relacionamento binário (envolve duas instâncias de entidades) do tipo Um:Muitos (o máximo de um lado é

Capítulo 6 Relacionamentos Binários • 53

1 e do outro lado são Muitos (N)) e existe obrigatoriedade em apenas um dos sentidos.

Pelo contexto *("Em uma empresa, uma Divisão pode ter vários Funcionários lotados e todo funcionário deve sempre estar lotado em uma e somente uma divisão".)* podemos afirmar que o DER descreve bem esse cenário, substituindo o texto apresentado pelo diagrama, com uma representação padronizada, de fácil leitura e visual.

No caso em pauta, cabe análise similar ao que foi feito para o exemplo de relacionamento Um:Um dado anteriormente, no que tange à não obrigatoriedade. Isto é, o fato de existir a unidade organizacional *Divisão de Vendas* não implica necessariamente que essa já tenha que ter funcionários alocados. Alguém pode se perguntar: como pode existir a *Divisão de Vendas* sem pessoas? A resposta pode ser dada por uma situação hipotética: nessa manhã a diretoria resolveu e formalizou a criação dessa divisão, porém ainda não lotou nenhum funcionário nela. Logo, a Divisão, que já existe formalmente, está catalogada em um suposto sistema de informação baseado em computador, mas aguarda a lotação de funcionários.

Por outro lado, ao analisar a obrigatoriedade do "FUNCIONÁRIO" quanto ao relacionamento "Lotado", fica registrado o fato de que, todo e qualquer funcionário da empresa sempre deverá estar lotado em uma (e somente uma no caso) "DIVISÃO". Se a divisão do funcionário for supostamente extinta, deverá ser feita, antes disso, sua nova lotação, para posterior extinção da divisão atual.

Essas análises são as nuanças que, embora pareçam de pouca importância, terão impacto significativo nos modelos e nos projetos dos bancos de dados posteriormente.

6.2.2 Atributos do relacionamento

Também os relacionamentos Um:Muitos podem ser caracterizados por atributos. Para o exemplo da Figura 6.11 vamos supor que se queira saber a partir de que data um determinado Funcionário foi Lotado na sua atual Divisão. Para tal, precisamos de um atributo *("DataLotação")* que define essa data para cada instância do relacionamento "Lotado".

Observe que cada instância "Lotado" tem sua própria data, haja vista que os funcionários são lotados em datas distintas entre eles (podendo haver obviamente alguns que foram lotados na mesma data, mas não necessariamente todos).

Nesse caso, o atributo *"DataLotação"* deve ser alocado no relacionamento, conforme Figura 6.12.

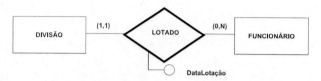

Figura 6.12: DER da situação exemplo de um relacionamento Um:Muitos com atributos

É possível admitir também que atributos de relacionamentos Um:Muitos sejam alocados não no relacionamento em si, mas na entidade do "lado N" ou "lado Muitos" que forma o relacionamento. Essa opção é obrigatória em determinadas notações gráficas. Contudo, continuaremos com nosso princípio de que atributos devem ser alocados sob o objeto (Entidade ou Relacionamento) que caracterizam, a não ser que outra representação deixe o modelo com melhor entendimento.

Apenas como forma de análise e verificação de erros, suponha que o atributo *"DataLotação"* tivesse sido alocado sob a entidade "FUNCIONÁRIO". Levando-se em consideração que cada Funcionário somente pode estar relacionado a uma única divisão de cada vez, e sendo o relacionamento "Lotado" um relacionamento que define em qual divisão o funcionário está lotado, seria possível (embora contrariando os conceitos mais puros de construção do DER) que esse atributo fosse aí alocado, haja vista que o mesmo só admite um valor para *"DataLotação"* por funcionário.

Entretanto, se o mesmo atributo fosse alocado em "DIVISÃO", teríamos um sério problema do ponto de vista de construção do modelo ER: enquanto atributo descritivo simples, esse só admite um único valor para cada elemento do conjunto "DIVISÃO". Contudo, o diagrama expõe que uma mesma divisão pode ter muitos funcionários lotados. Dessa forma, para cada funcionário podemos ter uma data diferente e ficaria a questão: qual valor deve ser atribuído para *"DataLotação"* em cada divisão?

Sendo assim, atributos do relacionamento Um:Muitos devem ser colocados no próprio relacionamento ou, se for exigência da notação gráfica, colocados sob a entidade do lado "<u>N</u>" desse relacionamento.

6.3 Relacionamento Binário Muitos:Muitos

6.3.1 Definição

Um relacionamento é denominado Muitos:Muitos (Muitos para Muitos ou então N:N) quando temos a seguinte regra de Cardinalidade: "Um elemento de um conjunto (A) pode estar associado a muitos (N) elementos de outro conjunto (B) e; um elemento do conjunto (B) pode estar associado a muitos (N) elementos do conjunto (A)." A Figura 6.13 mostra exemplo desse tipo de relacionamento:

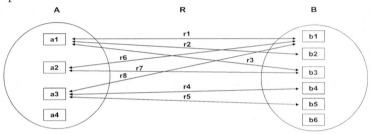

Figura 6.13: Relacionamento binário do tipo Muitos:Muitos (sob a forma de conjuntos)

Este relacionamento é desenhado no DER da seguinte forma:

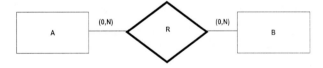

Figura 6.14: DER do relacionamento (R) do tipo Muitos:Muitos entre (A) e (B)

A Figura 6.14 retrata com a letra "**N**" junto à entidade (B), que dado um elemento do conjunto (A), o mesmo pode estar associado a vários (**N**) elementos da conjunto (B) – caso dos relacionamentos r1,r2 e r3 para o elemento a1 da Figura 6.08.

Pelo outro lado, dado um elemento de (B) o mesmo pode estar associado também a vários (N) elementos do conjunto (A). Portanto, o relacionamento Muitos: Muitos é identificado a partir dos indicadores sublinhados a seguir: (0,**N**) e (0,**N**), que expressam o número máximo de instâncias às quais cada instância de entidade pode estar associada em relação a outra.

Ainda sobre a Figura 6.14, o diagrama ER indica que dado um elemento de (B) o mesmo não é obrigado a estar associado a um elemento e (A) e dado um elemento de (A) esse não é obrigado a estar associado a um elemento de (B). Essa não obrigatoriedade está exposta através do "**0**" colocado na frente de cada uma das cardinalidades indicadas.

Novamente ressaltamos que essa situação não é repetida em todos os relacionamentos Muitos:Muitos, devendo sempre ela ser representada de acordo com o contexto analisado. Entretanto, podemos afirmar que na grande maioria dos casos pelo menos um dos dois lados do relacionamento será NÃO obrigatório, fato que se repete na maioria das vezes para os relacionamentos Um:Um e Um:Muitos. Essa afirmação não é regra, mas pode ser admitida como princípio básico para análise da obrigatoriedade dos relacionamentos: em pelo menos um dos lados do relacionamento não haverá obrigatoriedade.

Para melhor compreensão dos relacionamentos Muitos:Muitos, segue exemplo mais concreto. Suponha a seguinte situação em uma empresa qualquer:

"*Em uma empresa, um <u>Funcionário</u> pode estar <u>alocado</u> a nenhum ou a vários <u>Projetos</u>. Em um projeto é possível haver vários funcionários alocados ou nenhum*".

Assumindo que nesse contexto as Figuras Funcionário e Projeto são entidades e que Alocado é um relacionamento entre as mesmas, podemos exemplificar essa situação, sob a forma de conjuntos, da seguinte maneira:

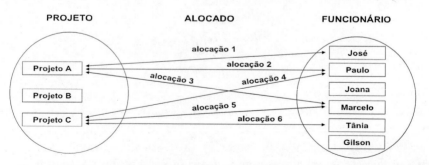

Figura 6.15: *Exemplo sob a forma de conjuntos de relacionamento binário do tipo Muitos:Muitos*

O DER que representa a situação exemplo acima fica assim representado:

Figura 6.16: DER de situação exemplo de um relacionamento Muitos:Muitos

A Figura 6.16 apresenta um relacionamento binário (envolve duas instâncias de entidades) do tipo Muitos:Muitos (o máximo de um lado é N (vários ou muitos) e do outro lado também) e não existe obrigatoriedade em nenhum sentido.

No caso em pauta, cabe análise similar ao que foi feito para os relacionamentos Um:Um e Um:Muitos no que tange à não obrigatoriedade. O fato de existir *Projeto* não implica necessariamente que todo projeto existente tenha que ter funcionários alocados. O projeto pode ser criado, instituído e, em determinado momento, não ter funcionários alocados a ele.

6.3.2 Atributos do relacionamento

Em relacionamentos Muitos:Muitos é comum a presença de atributos caracterizadores do relacionamento. Conforme exposto, ao representarmos um relacionamento em um DER estamos representando na verdade o conjunto de instâncias de relacionamentos entre duas ou mais instâncias de entidades.

Sendo assim, o relacionamento "Alocado" das Figuras 6.15 e 6.16 representa o conjunto de instâncias de relacionamentos entre "PROJETO" e "FUNCIONÁRIO" (relacionamentos: alocação1, alocação2, alocação3..., alocação6 da Figura 6.15).

Para este mesmo relacionamento "Alocado" se quisermos saber, por exemplo, para cada funcionário alocado a cada projeto, em qual data o mesmo foi alocado, precisaremos de um atributo que denominaremos de *"DataAlocação"* que caracterizará cada uma das alocações.

Observe que cada instância de "Alocado" tem sua própria data de alocação, haja vista que os funcionários são alocados aos projetos em datas distintas entre eles (podendo haver obviamente alguns que foram alocados na mesma data, mas não necessariamente todos).

Nesse caso, o atributo *"DataAlocação"* deverá ser alocado no relacionamento "Alocado", conforme Figura 6.17.

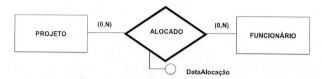

Figura 6.17: Atributo de relacionamento Muitos:Muitos

Diferentemente dos relacionamentos Um:Um e Um:Muitos, atributos dos relacionamentos binários Muitos:Muitos não podem ser alocados em uma das entidades que formam o relacionamento.

Analisando o diagrama da Figura 6.17, percebemos que a partir de um projeto podemos ter vários funcionários alocados a ele. Sendo assim, não há possibilidade de colocarmos o atributo *"DataAlocação"* em "PROJETO", haja vista que para cada um dos funcionários a ele alocado teremos uma data diferente, o que invalida o princípio que cada atributo pode assumir apenas um valor para cada instância de um conjunto.

Da mesma forma, a partir de um Funcionário podemos tê-lo alocado a vários Projetos e, em cada um deles, o funcionário ter sido alocado em data diferente. Sendo assim, analogamente, não há possibilidade de colocarmos o atributo *"DataAlocação"* em "FUNCIONÁRIO". Portanto, atributos de relacionamentos Muitos:Muitos sempre são alocados no próprio relacionamento, independente da notação gráfica adotada.

6.3.3 Atributo-Chave de relacionamento

É possível identificar univocamente instâncias de relacionamentos a partir de atributos que caracterizam o relacionamento.

Cada instância do conjunto "ALOCADO" pode ser diferenciada de outra se soubermos a identificação do Projeto e a identificação do Funcionário. Unindo-se estas duas identificações teremos uma instância "ALOCADO" que será sempre diferente das demais no que concerne a estes 2(dois) atributos.

Sendo assim, para identificarmos univocamente uma instância de um relacionamento podemos atribuir ao relacionamento um atributo-chave cuja formação dar-se-á pela junção do atributo-chave de cada uma das entidades que formam o relacionamento.

Para o exemplo da figuras 6.17, o atributo-chave de "ALOCADO" seria ("*CodProjeto*" + "*MatrículaFunc*"). Unindo-se estes dois atributos, nenhuma outra instância de "ALOCADO" terá os mesmos valores para ambos de forma conjunta.

Adotaremos a representação de atributo-chave para relacionamentos como opcional, utilizando-a apenas quando tivermos, além dos atributos--chave que formam o relacionamento, outro atributo ou quando essa representação do atributo-chave de relacionamento for útil para compreensão do modelo. Cabe salientar que, na transposição do modelo conceitual para o modelo físico, esses atributos são muito úteis para a definição do projeto físico do banco de dados.

Para melhor ilustração, segue representação do atributo-chave do relacionamento "ALOCADO".

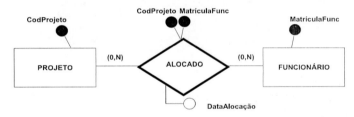

Figura 6.18: Representação de atributo-chave de relacionamento Muitos:Muitos.

Cabe observar que a representação dos dois atributos unidos junto ao relacionamento "Alocado" não significa que temos nesse ponto dois atributos-chave. O que temos é um atributo-chave composto ("*CodProjeto*" + "*MatrículaFunc*").

Usando como base a Figura 6.15, suponha que cada um dos Funcionários expostos tenha, de cima para baixo, uma matrícula (M1, M2, M3, M4, M5 e M6) e que cada Projeto tenha um código de identificação (Pa, Pb e Pc). Sendo assim, os elementos integrantes de "ALOCADO", ou seja as instâncias, seriam: (M1Pa), (M2Pa), (M2Pc), (M4Pa), (M4Pc) e (M5Pc).

6.4 Exercícios

6.4.1 Exercício 04: Identificar, descrever e representar relacionamentos

Objetivo: Fixar conceito, representação e descrição de relacionamentos 1:1

Contexto

a) Represente em um DER a associação entre alunos e carteiras, em um instante específico de uma aula em uma sala "X" (como se estivesse modelando uma fotografia). Admita que cada aluno só se senta em uma carteira, que nenhum aluno pode ficar de pé, que existem mais carteiras que alunos e que não existem 2 ou mais alunos em uma mesma carteira.

b) Represente, por intermédio do DER, o relacionamento de casamento civil vigente entre homens e mulheres em uma sociedade monogâmica e que não admite casamento entre pessoas do mesmo sexo.

c) Dicionarize o relacionamento do item b desse exercício.

d) Represente um atributo que caracterize quando (data) esse casamento civil foi realizado.

6.4.2 Exercício 05: Representar relacionamento Um:Muitos

Objetivo: Analisar relacionamentos Um:Muitos.

Contexto
Represente o mesmo relacionamento de Casamento do exercício anterior, supondo agora um novo contexto que admite casamento de um homem com mais de uma mulher, contudo uma mulher permanece podendo casar com apenas um homem.

6.4.3 Exercício 06: Modelar relacionamentos do mundo observado

Objetivo: Fixar a representação de relacionamentos 1:1 e 1:N

Contexto
Para cada situação abaixo, faça o DER que melhor represente cada uma

Capítulo 6 Relacionamentos Binários • 61

delas, considerando as palavras destacadas como objetos ou relações do mundo observado.

a) Em um hospital, um **paciente ocupa**, obrigatoriamente, um **leito**.
b) Um **funcionário** está sempre **alocado** a um único **setor** que pode, por sua vez, possuir vários funcionários alocados nele.
c) Em um zoológico, um **animal ocupa** uma única **jaula**. Uma jaula pode ser coletiva ou estar vazia. Alguns animais vivem soltos no zoológico.

6.4.4 Exercício 07: Caracterizar relacionamentos com atributos

Objetivo: Fixar a representação e alocação de atributos de relacionamento.

Contexto
Para cada diagrama construído no exercício anterior (*itens a, b e c*) caracterize as entidades e os relacionamentos com os seguintes atributos:

a) Nome do Paciente, Data de Nascimento, Número do leito, Situação do Leito;
b) Nome do funcionário, data de admissão, sigla do setor, nome do setor, data de alocação do funcionário no setor;
c) Ano de nascimento do animal, código de identificação do animal, situação da jaula, número da jaula.

Para cada entidade representada defina um atributo chave.

Dicionarize ao menos 1(um) atributo de cada entidade.

6.4.5 Exercício 08: Interpretar diagramas ER

Objetivo: Fixar a interpretação de diagramas ER

Questão
Faça a leitura do diagrama representado abaixo utilizando linguagem natural.

a)

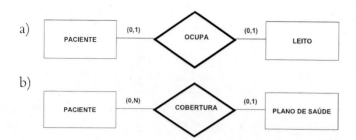

b)

6.4.6 Exercício 09: Interpretar relacionamentos Muitos:Muitos

Objetivo: Fixar a representação e a interpretação de relacionamentos Muitos:Muitos

Questão
a) Faça a leitura do diagrama representado abaixo utilizando linguagem natural.

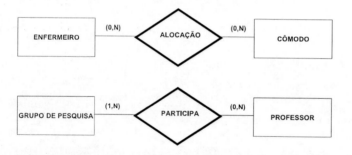

b) Coloque atributos-chave nas entidades e relacionamentos de cada um dos DER acima.

c) Coloque um atributo que identifique a partir de que data um professor iniciou sua participação em um determinado grupo de pesquisa.

6.4.7 Exercício 10: Representar entidades, atributos e relacionamentos

Objetivo: Fixar a representação dos elementos básicos do MER

Considere a seguinte situação exemplo:
"Uma empresa é organizada em Departamentos. Cada Departamento pode ter vários funcionários lotados no mesmo. Um funcionário sempre estará lotado em um único departamento. Um funcionário da empresa pode ser alocado a vários projetos ou a nenhum. Em um projeto podemos ter vários funcionários alocados ou não termos funcionários alocados."

Para esta situação faça:
a) Represente-a sob a forma de DER.

b) Aloque adequadamente os seguintes atributos: data de nascimento; sigla do departamento; nome do departamento; código do projeto; nome do projeto; data de admissão; ramal do departamento; nome do funcionário; data de início da alocação do funcionário no projeto; data de início da lotação do funcionário no departamento.

c) Represente os atributos-chave.

d) Dicionarize: 2(duas) entidades, 2(dois) atributos e 2(dois) relacionamentos.

6.5 Solução dos exercícios

6.5.1 Solução do exercício 04

a)
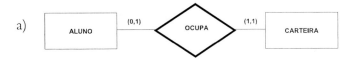

O exercício define que o contexto analisado é uma sala de aula específica e em um determinado momento específico, ou seja, não estamos modelando a ocupação de carteiras por alunos ao longo de uma aula toda, mas apenas em um determinado momento (situação bastante hipotética e apenas como Figura para exercício). Igualmente, o exercício define que não existem alunos em pé, alunos sobrepostos e que existem carteiras sobrando. Logo, dado um aluno qualquer, de acordo com a situação exposta, todo aluno é obrigado a estar sentado ocupando uma carteira, desde que o conceito de "ALUNO" seja algo como: "Aluno que está na sala de aula "X"", isto é, deste conjunto só fazem parte os alunos que estão dentro da sala.

Com isso, a indicação de obrigatoriedade e cardinalidade (1,1) que está junto à entidade "CARTEIRA" indica que dado um aluno qualquer, o mesmo "Ocupa" 1 (uma), somente 1(uma) e obrigatoriamente 1(uma) carteira. No outro sentido, dada uma carteira qualquer da sala de aula "X" (são as integrantes do conjunto "CARTEIRA"), essa pode estar desocupada ou ocupada por no máximo 1(um) único aluno.

Caso o exercício não restringisse o modelo a um momento específico, isto é, se ele pedisse para modelar a ocupação das carteiras por alunos ao longo de uma aula toda, teríamos uma situação diferente, haja vista que ao longo da aula alunos podem levantar e trocar de carteira entre eles, criando uma situação de cardinalidade distinta da Um:Um exposta.

Outrossim, se não houvesse restrição quanto à entidade "ALUNO" no sentido de que somente fazem parte deste conjunto os alunos que estão dentro da sala, também teríamos outras restrições de obrigatoriedade e cardinalidade. Enfim, as regras ou verdades do contexto analisado são determinantes para a construção do diagrama ER, fato que será trabalhado ao longo dos exercícios.

b)

Neste exercício, o erro mais comum é indicar a obrigatoriedade em ambos os lados, isto é, em ambos os lados teríamos (1,1).

Este erro é causado pelo ímpeto de afirmar o seguinte: se existe casamento tem que existir um homem e uma mulher, logo é obrigado que ambos estejam na associação. A análise não pode ser feita dessa forma, pois, se assim o fosse, sempre, em qualquer relacionamento representado, teríamos obrigatoriedade em ambos os lados, haja vista que se existe um relacionamento R entre A e B, por exemplo, certamente que é preciso a presença de A e B.

Para ser mais claro, vamos dicionarizar a entidade "HOMEM" e a entidade "MULHER". HOMEM: "*Cidadão do sexo masculino*" e MULHER: "*Cidadã do sexo feminino*".

Sendo a entidade "HOMEM" o conjunto de todos os cidadãos do sexo masculino, fazem parte deste conjunto os solteiros, os divorciados, os

Capítulo 6 Relacionamentos Binários • 65

viúvos, enfim, todo ser humano do sexo masculino. A mesma definição serve para as pessoas do sexo feminino em relação à entidade "MULHER". Com isso, dado um homem qualquer (sem ser pejorativo), o mesmo pode não ter relação de "Casamento" com mulher alguma e vice-versa. Compreende-se, portanto, que entre todos os homens, alguns participarão da relação "Casamento" e outros não, daí a não obrigatoriedade representada no diagrama pelo "0" junto à entidade "MULHER". No sentido inverso vale a mesma regra.

Quanto à cardinalidade, devemos considerar que o relacionamento "Casamento" representa o casamento civil vigente entre um homem e uma mulher, em uma sociedade que não admite a bigamia. Portanto, independente de qualquer outra condição, nenhum homem pode estar casado no civil com mais de uma mulher e vice-versa. Se ao longo da vida um sujeito do sexo masculino se casou com mais de uma mulher ou uma mulher se casou com mais de um homem, esse fato não está sendo considerado no modelo, haja vista que o relacionamento representado diz respeito a casamentos vigentes, ainda existentes.

Nesse caso, se a situação fosse em uma sociedade que admitisse o casamento com mais de uma mulher ou o inverso, o relacionamento mudaria no aspecto de cardinalidade. Mais uma vez, reforça-se a idéia de que o contexto (mundo real) é quem dita efetivamente como deverá ser o modelo construído.

Outra consideração bastante importante sobre essa representação está no fato de que "Casamento" foi representado como um relacionamento. Todavia, podíamos ter solução diferente na qual cada instância "Casamento" fosse vista como uma parte integrante de uma entidade "Casamento", com cada uma delas recebendo um número que a identificasse. Nesse caso, estaríamos vendo casamento como entidade e não mais como relacionamento. Sobre essa representação poderíamos ter questões como: *"quem são as pessoas (homem e mulher) que participam desse casamento?" "qual o número de registro desse casamento?" "qual o nome do cartório onde esse se realizou?"* e inúmeras outras questões.

Optar pela representação de uma forma ou de outra é algo a ser sempre considerado. Para isso, é preciso analisar as necessidades de informações que estão sendo requeridas, o contexto e sua forma de apresentação e a importância de cada um dos objetos envolvidos. Enfim, sempre teremos pontos onde a visão clara do contexto, a experiência do modelador e o bom senso serão fundamentais para a decisão a ser tomada.

Nesse momento, como estamos dando ênfase à representação de relacionamentos Um:Um, optamos por representar "Casamento" como relacionamento, sabendo entretanto que outras soluções são possíveis. Fica como sugestão que o leitor, após estudar relacionamentos Um: Um e Muitos: Muitos, refaça, a solução desse exercício visualizando "Casamento" como entidade e não mais como relacionamento.

c) Casamento: *"Representa a existência de um casamento civil, vigente, entre um homem e uma mulher."*

Considerações:
Não se trata da única definição, pois sempre dependemos do contexto. Contudo, da forma com está exposta a definição, fica patente que o relacionamento está representando um casamento civil e de que, qualquer casamento civil integrante do conjunto "CASAMENTO" é um casamento vigente, ou seja, os encerrados estão fora desse contexto.

d)

Observe que a representação do atributo se dá no próprio relacionamento, haja vista que o mesmo caracteriza essencialmente o relacionamento "Casamento". Entretanto, existem notações que alocam os atributos de relacionamentos Um:Um em uma das entidades que formam o relacionamento, de acordo com alguns critérios. A princípio, não adotaremos essa prática, haja vista que a alocação no objeto de origem (entidade ou relacionamento) que o mesmo efetivamente caracteriza é mais própria do modelo lógico e menos distante de um modelo físico.

6.5.2 Solução do exercício 05

Observe que o atributo *"DataCasamento"* permanece no relacionamento, pois o mesmo caracteriza cada elemento do conjunto de relacionamentos "Casamento".

6.5.3 Solução do exercício 06

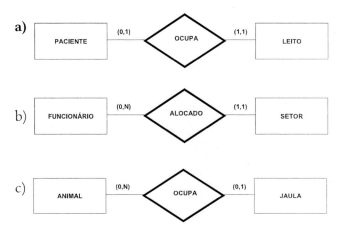

No item A, como todo paciente é obrigado a estar associado a 1(um) leito, podemos supor um hospital exclusivo de internamento, onde o paciente somente pode dar entrada através de seu registro caso haja leito disponível. Obviamente não há necessidade de todos os leitos estarem ocupados, motivo da não obrigatoriedade no sentido contrário.

No item B, cabem as mesmas observações tratadas no texto relativo aos relacionamentos Um:Muitos.

No item C, se existem animais que vivem soltos, alguns deles não ocupam jaula, motivo da não obrigatoriedade (0,1). Por outro lado, se existem jaulas coletivas, significa que é possível que dada uma determinada jaula, essa esteja sendo ocupada por mais de um animal (indicação "N"). Ao mesmo tempo, podem existir jaulas desocupadas (indicação "0" do lado esquerdo). Com isso, percebemos que as possibilidades de relação de "JAULA" com "ANIMAL" ("Ocupa") estão todas representadas pelas restrições de obrigatoriedade e cardinalidade expostas.

6.5.4 Solução do exercício 07

a)

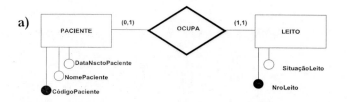

b)

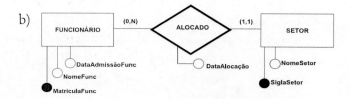

c)

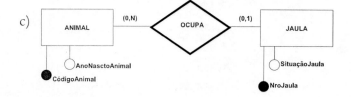

Dicionarização:
"SituaçãoJaula": Indica se a jaula está ocupada ou disponível. Valores possíveis: 0 (disponível) e 1 (ocupada).

Considerações:

No diagrama *(a)* o atributo artificial *"CódigoPaciente"* foi criado para atender a necessidade de indicação de um atributo-chave haja vista que nenhum dos atributos naturais possui característica de serem unívocos. O mesmo raciocínio foi aplicado ao atributo *"MatrículaFunc"* no item (b).

Quanto ao atributo *"DataAlocação"*, foi representado no relacionamento conforme seu princípio conceitual. Entretanto poderia ser representado, a depender da notação gráfica adotada, na entidade "FUNCIONÁRIO".

6.5.5 Solução do exercício 08

a)

"Em um hospital, cada paciente pode ocupar, ou não, 1(um) e somente um leito. Cada leito deste hospital pode estar desocupado ou ocupado por 1(um) único paciente."

Observação: O contexto descreve o ambiente de um hospital diferente do contextualizado no exercício 06. Aqui, nem todo paciente que eventualmente dará entrada nesse hospital ocupará necessariamente um determinado leito.

b)

"Em um hospital, cada paciente pode ter seus gastos cobertos por 1 e somente 1 plano de saúde ou pode não ter cobertura de plano. Cada plano de saúde conveniado com o hospital pode não ter pacientes sendo cobertos em seus gastos ou ter vários pacientes com os gastos cobertos pelo mesmo".

6.5.6 Solução do exercício 09

a) "Em um hospital, cada enfermeiro pode estar alocado a nenhum ou a vários cômodos. Para cada cômodo podemos ter vários enfermeiros alocados ou nenhum."

"Em uma Universidade cada professor está sempre alocado a pelo menos 1 grupo de pesquisa. Em cada grupo podemos ter nenhum ou vários professores alocados".

Observação: Não se trata obviamente de uma situação comum a obrigatoriedade de um professor ter que participar de pelo menos 1(um) grupo de pesquisa. Entretanto, temos sempre que lembrar que cada modelo busca representar uma realidade particular e não geral.

70 ▪ Modelagem Lógica de Dados: construção básica e simplificada

b)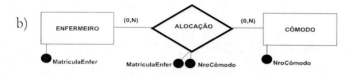

c)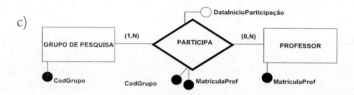

6.5.7 Solução do exercício 10

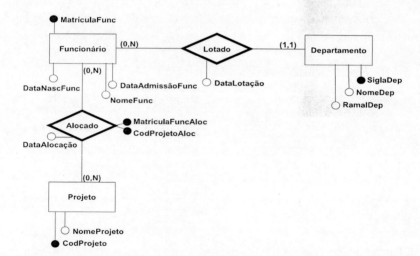

Capítulo 6 Relacionamentos Binários • 71

Dicionarização:
Departamento: Unidade organizacional da empresa X.
Funcionário: Empregado da empresa X com contrato em vigência.
Lotado: Indica em qual departamento cada funcionário está lotado.
Alocado: Indica quais funcionários estão alocados em cada projeto.
SiglaDep: Sigla que identifica um departamento.
DataAlocação: Data a partir da qual um funcionário trabalha em um departamento

Observações:
Representar o atributo-chave do relacionamento "Alocado" é opcional.

É importante observar que não podemos ter a mesma denominação para mais de um atributo. Evitar essa situação é mais fácil adotando como prática a inserção no início ou no final da denominação do atributo algum tipo de mnemônico que associe o atributo a entidade ou ao relacionamento ao qual esse está ligado. Exemplos: *"NomeProjeto"* e *"NomeFunc"*.

NOTA

1. Concluído o capítulo 6, recomendamos que o leitor faça alguns dos estudos de casos indicados no capítulo 12 com objetivo de exercitar a capacidade de análise de contextos e fixar a representação das diversas figuras e situações vistas até este momento. Inicialmente recomendamos que sejam trabalhados os estudos de caso 01 a 06. Isso permitirá ao leitor criar um conjunto de conhecimentos básicos para a continuidade do estudo, tornando os próximos itens mais fáceis de serem compreendidos.

2. Havendo dúvidas quanto aos pontos vistos até o momento, recomendamos o retorno a esses pontos, não prosseguindo com as dúvidas, haja vista que todo o conhecimento aqui é de caráter cumulativo.

Extensões do DER

Até este ponto abordamos representações utilizando os elementos mais básicos dos diagramas ER: entidade, atributo e relacionamentos. Entretanto, pequenas extensões desses elementos básicos podem ser inseridas no processo de modelagem. Sendo assim, veremos três extensões de figuras: a especialização, a entidade-fraca e o autorrelacionamento, sendo as duas primeiras relativas ao elemento básico entidade e a última ao elemento básico relacionamento.

7.1 Especialização

Iniciando pela especialização, pode-se conceituá-la como uma representação de subconjuntos de elementos a partir da entidade.

Em algumas situações pode ser útil representar que um subconjunto de elementos de um conjunto maior possui características próprias que diferenciam da maioria dos elementos do conjunto ou que um subconjunto de elementos possui relacionamentos diferenciados dos demais do conjunto maior.

Sendo assim, de forma objetiva a especialização é útil como recurso para demonstrar visualmente duas situações:

- que um subconjunto do conjunto de instâncias possui atributos próprios ou específicos que não se aplicam a todos os elementos; e
- que um subconjunto do conjunto de instâncias possui relacionamentos próprios ou específicos que não se aplicam a todos os elementos do conjunto.

7.1.1 Especialização para representar atributos específicos de um subconjunto

Nesse caso, o que se deseja mostrar é que um ou mais atributos de uma entidade somente têm valor significativo para alguns elementos, de acordo com algum tipo de característica.

Explicando a partir de um exemplo, imagine a seguinte entidade e atributos:

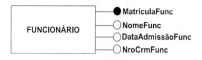

Figura 7.01: Entidade com atributos sem utilizar especialização

Para o caso da Figura 7.01, a entidade "FUNCIONÁRIO" possui um atributo *"NroCrmFunc"* que define o "número de inscrição do funcionário médico no respectivo Conselho Regional". Com isso, fica patente que este atributo somente diz respeito aos funcionários que são médicos no contexto da organização analisada. Se for importante destacar que esse atributo apenas se aplica a este subconjunto (médicos) de funcionários, então é possível utilizar o conceito de especialização.

Nesse caso, a representação da entidade ficaria:

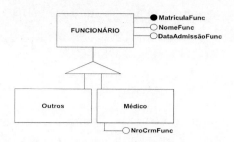

Figura 7.02: Entidade com atributos específicos utilizando especialização

O desenho do triângulo representa a presença de subconjuntos da entidade "FUNCIONÁRIO" (especialização). Os retângulos ("Outros" e "Médico") são subconjuntos da entidade "FUNCIONÁRIO". Não se trata, portanto, de duas novas entidades, mas sim de dois subconjuntos.

O subconjunto "Médico" caracteriza uma parte do conjunto de funcionários ou uma categoria. Somente destacamos as categorias ou subconjuntos que efetivamente trazem algum tipo de diferencial em relação aos demais elementos do conjunto. Sendo assim, em "FUNCIONÁRIO" temos, além dos médicos, uma série de outros profissionais, mas que não interessam para a especialização adotada. Portanto, o subconjunto "Outros" representa esses não médicos. Com prática adotaremos como opcional a representação do subconjunto "Outros".

Ao colocarmos o atributo *"NroCrmFunc"* em "Médico", estamos visualmente passando a informação de que esse atributo só tem valor significativo para esses funcionários.

Cabem ainda as seguintes observações:
- subconjuntos (categorias) não possuem atributo-chave, haja vista que a entidade é essencialmente o elemento representado acima da categoria (no exemplo a entidade é "FUNCIONÁRIO");
- todos atributos que caracterizam a entidade caracterizam a categoria;
- para o exemplo, se existe uma especialização por função ou cargo do funcionário, fica implícito que de alguma forma precisamos saber se um funcionário é médico ou não, ou seja, se ele pertence ou não a uma categoria desenhada. Isso pode ser feito por um atributo que caracteriza a entidade ou por um relacionamento, conforme será visto nos exercícios;
- subconjuntos devem ser dicionarizados junto com a entidade;
- é possível haver mais de uma especialização para uma mesma entidade, lembrando que, nesse caso, é possível que uma instância pertença a mais de um subconjunto;
- devemos usar do bom senso ao representar especializações, pois o modelo pode ficar visualmente poluído, contrariando a idéia de torná-lo mais claro.

7.1.2 Especialização para representar relacionamentos específicos de um subconjunto

Nessa segunda situação pretendemos explicitar que um subconjunto de instâncias da entidade pode possuir relacionamentos específicos que não se aplicam a todas as instâncias, conforme um critério qualquer de especialização. A Figura 7.03 exemplifica uma aplicação dessa situação:

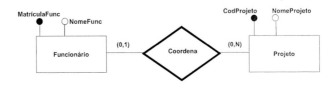

Figura 7.03: Entidade com atributos sem utilizar especialização

Sobre a Figura 7.03 vamos supor que no contexto modelado somente podem coordenar projetos funcionários que sejam engenheiros. Neste caso, a Figura não mostra essa informação. Para deixar o modelo mais claro, portanto, podemos também utilizar o recurso da especialização, conforme diagrama da Figura 7.04:

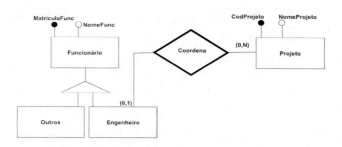

Figura 7.04: Entidade com relacionamentos específicos para subconjuntos utilizando especialização

Dessa forma, o relacionamento "Coordena" associa a entidade "PROJETO" com a entidade "FUNCIONÁRIO", porém, deixa visualmente explícito que esse relacionamento só acontecerá para funcionários que sejam engenheiros.

As observações feitas para a especialização em função da existência de atributos específicos são válidas analogamente para este tipo de especialização, acrescentando que as duas especializações podem coexistir no mesmo diagrama, seja para a mesma entidade ou entidades diferentes.

7.2 Entidade-fraca

Conceitualmente uma entidade fraca não se diferencia de qualquer outra entidade exceto pelo fato de que a identificação unívoca das instâncias dessa entidade fraca depende da identificação unívoca de outra entidade (essa então denominada forte).

Portanto, para uma entidade ser considerada fraca ela deve possuir uma associação com outra entidade (em geral sob a forma de relacionamento binário Um:Muitos) e ter essa dependência de identificação.

Para exemplificar vamos usar a Figura 7.05 como base, onde está exposto um relacionamento entre duas entidades:

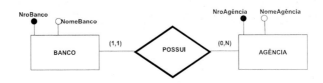

Figura 7.05: Relacionamento Banco-Agência sem representação da entidade fraca.

A Figura 7.05 retrata a relação entre banco e suas agências, supondo que cada banco tem um número definido por um órgão central do país e onde cada banco individualmente tem autonomia para identificar numericamente as suas agências.

No diagrama, o atributo-chave (identificador unívoco) de "BANCO" é *"NroBanco"* (número do banco) e de "AGÊNCIA" é *"NroAgência"* (número da agência). O número de cada banco é, no contexto dado, de fato único entre cada um dos bancos existentes, portanto apropriado para atributo--chave da entidade. Porém, cada um dos bancos tem autonomia para numerar ou identificar suas agências. Assim, nada impede que um banco **"A"** atribua o número *1234* para uma das suas agências e que um banco **"B"** também atribua o número *1234* para uma de suas agências. Logo, dentro do conjunto agência teremos duas agências com o mesmo número, já que a atribuição de número a cada uma delas independe da vontade da organização que está modelando o sistema de informação.

Pelo contexto dado, cada agência é identificada no âmbito de seu banco apenas pelo seu número de identificação. Porém, no âmbito amplo do contexto a identificação de cada agência só faz sentido quando a mesma vier acompanhada da identificação do banco.

Frente ao exemplo, ao modelarmos essa situação para uma organização nesse contexto, cada uma das agências precisará, para ser identificada de forma única, de seu número (*"NroAgência"*) bem como do número do banco ao qual pertence (*"NroBanco"*).

Para representar esta situação pode-se utilizar o conceito e a Figura da entidade-fraca. Sendo assim, para mostrarmos visualmente pelo modelo que a entidade "AGÊNCIA" é fraca em relação à entidade "BANCO", em função da dependência de identificação unívoca da primeira em relação à segunda, podemos representar o diagrama conforme a Figura 7.06:

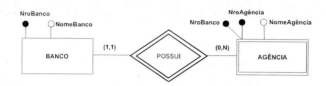

Figura 7.06: Relacionamento Banco-Agência com representação da entidade fraca.

Pela Figura, "AGÊNCIA" aparece com traço duplo, representando que se trata de uma entidade-fraca, e o relacionamento "Possui" também aparece com traço duplo, identificando que a entidade-fraca em questão é considerada fraca em relação à outra entidade participante do relacionamento, no caso entidade "BANCO".

Complementarmente, a representação do atributo-chave da entidade fraca pode, opcionalmente, ser feita pela representação do atributo-chave da entidade "forte" mais a representação da entidade fraca, conforme Figura 7.06. Entretanto, convém lembrar que o atributo-chave da entidade "AGÊNCIA" permanece sendo único, porém composto por dois outros atributos.

7.3 Autorrelacionamento

Todos os relacionamentos vistos até agora são relacionamentos binários, isto é, envolvem 2 instâncias de entidades e apresentam uma mesma característica: as instâncias envolvidas nos relacionamentos são de dois conjuntos diferentes, o que na verdade traduz a grande maioria dos casos de relacionamentos binários.

Entretanto, existem casos particulares de relacionamentos binários nos quais as duas instâncias envolvidas pertencem ao mesmo conjunto de instâncias, isto é, pertencem a mesma entidade. Esses casos são denominados de Autorrelacionamento.

Por serem ainda relacionamentos binários, os tipos básicos envolvendo as cardinalidades são os mesmos: Um:Um, Um:Muitos e Muitos:Muitos.

7.3.1 Autorrelacionamento Um:Muitos

Este é o caso mais comum de autorrelacionamento e é importante reforçar que se trata de um relacionamento binário do tipo Um:Muitos, portanto, todos os conceitos já descritos para esse tipo de relacionamento ficam mantidos.

Vamos tratar o assunto a partir de um exemplo com o seguinte contexto: *"Em uma empresa, um Funcionário pode coordenar vários outros Funcionários e, cada funcionário é coordenado por no máximo um único funcionário".*

Esta situação espelha um quadro onde temos funcionários e relações de coordenação entre eles, sendo que se um funcionário for coordenador ele pode coordenar vários e não necessariamente será coordenado por alguém superior. Obviamente que a maioria dos funcionários não exercerá coordenação, representando a grande massa de coordenados.

Sobre essa situação, podemos querer informações do tipo: Dado um funcionário, quem é o seu coordenador? ou Dado um funcionário, ele coordena outros funcionários? Quais outros funcionários?

São tipicamente informações retiradas das relações de coordenação entre funcionários.

Assumindo que neste contexto as figuras Funcionário e Coordenação são entidade e relacionamento respectivamente, podemos exemplificar esta situação, sob a forma de conjuntos, da seguinte maneira:

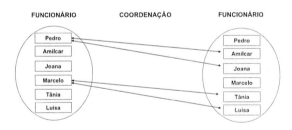

Figura 7.07: *Exemplo sob a forma de conjuntos de autorrelacionamento binário do tipo Um:Muitos*

Sendo assim, o conjunto "FUNCIONÁRIO" do lado esquerdo é o mesmo conjunto "FUNCIONÁRIO" do lado direito, estando apenas replicado no sentido de visualizarmos bem que é um relacionamento binário. Como se trata do mesmo conjunto, vamos refazer a Figura, eliminando a representação em duplicidade:

80 • Modelagem Lógica de Dados: construção básica e simplificada

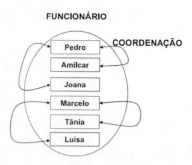

Figura 7.08: Exemplo sob a forma de conjuntos de autorrelacionamento binário do tipo Um:Muitos sem duplicidade

As Figuras 7.07 e 7.08 podem ser transformadas em representação sob a forma de DER. Inicialmente vamos fazer a representação duplicando a representação da entidade "FUNCIONÁRIO":

Figura 7.09: DER da situação exemplo de um autorrelacionamento Um:Muitos com duplicidade na representação

Entretanto, nenhuma entidade pode ter sua representação repetida no DER. Trata-se de uma regra básica da representação que busca evitar redundâncias. Sendo assim, a forma correta de representar o diagrama é eliminar a duplicidade, tal qual foi feito na Figura 7.09 e diagramar o relacionamento de tal forma que ele aponte para a mesma entidade, conforme Figura 7.10:

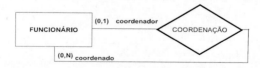

Figura 7.10: DER da situação exemplo de um autorrelacionamento Um:Muitos

Nesse momento surgem 2(dois) novos termos: "coordenador" e "coordenado". Esses termos estão associados ao que denominamos de papel.

Como se trata de um autorrelacionamento e a leitura é feita nos dois sentidos, é importante sabermos quando ou em que situação estamos tratando a instância com sendo do lado N (Muitos) ou do lado 1 (Um).

Neste caso, na relação "COORDENAÇÃO" entre dois funcionários, o lado 1 do relacionamento está fazendo o papel de "coordenador" e o lado N de "coordenado". Desta forma, podemos interpretar o diagrama da Figura 7.10 da seguinte maneira: "Em uma empresa, um funcionário coordenador pode coordenar vários funcionários e um funcionário que é coordenado, pode ser coordenado por no máximo um funcionário coordenador."

A princípio a inclusão do papel pode parecer desnecessária, como no caso acima, onde parece óbvio que 1 coordena N e N são coordenados por 1. Porém, existem situações do mundo real em que essa clareza não é tão presente, e, para esses casos, a representação do Papel é interessante. Para o nosso trabalho, adotaremos a representação do papel como algo opcional, ficando a critério de quem modela e seu bom senso quanto à clareza ou não do contexto modelado.

7.3.2 Autorrelacionamento Muitos:Muitos

Novamente reforçamos que se trata de um relacionamento binário, agora do tipo Muitos:Muitos e que, portanto, permanecem os conceitos descritos para esse tipo de relacionamento.

Para este caso vamos trabalhar com o seguinte exemplo:

"Em uma turma de alunos de uma escola, o professor trabalha com trabalhos em dupla ao longo do ano. Cada exercício ou trabalho sempre é construído em duplas. Porém, como forma de integrar socialmente todos os alunos, a cada novo exercício ou trabalho o professor forma novas duplas, de tal forma que uma mesma dupla nunca se repita. Sendo assim, o professor registra as duplas que vão sendo formadas sempre na intenção de responder à seguinte questão: quais as duplas que já foram formadas, de tal forma que eu não as repita?".

É um caso simples, de relacionamento entre alunos de uma mesma turma. É importante observar que cada dupla formada é anotada nos registros do professor, impedindo que haja repetição dessa.

Se o professor colocar esse problema sob a forma de conjuntos, teríamos a seguinte Figura, já sem utilizar a duplicidade de representação de conjuntos:

82 • Modelagem Lógica de Dados: construção básica e simplificada

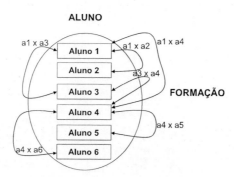

Figura 7.11: Exemplo sob a forma de conjuntos de autorrelacionamento binário do tipo Muitos:Muitos sem duplicidade

Pela Figura temos as seguintes duplas (relacionamentos "Formação") formadas: *(a1xa4; a1xa2; a3xa4; a4xa5; a1xa3; a4xa6)*. Representar essa Figura sob a forma de diagrama ER implica construir o autorrelacionamento entre as instâncias de "ALUNO", conforme Figura 7.12:

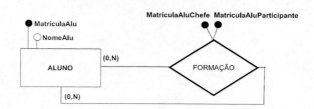

Figura 7.12: DER da situação exemplo de um autorrelacionamento Muitos:Muitos

Na Figura, a indicação de papel não se fez presente, embora pudesse ter sido colocada.

Para o atributo-chave do relacionamento "Formação" cabe a mesma regra já vista: atributo-chave do relacionamento é formado a partir dos atributos-chave das entidades participantes do relacionamento.

Observe que cada instância "Formação" representa um par (aluno x aluno) que indica exatamente uma dupla formada e que foi registrada pelo professor no exemplo dado.

Como adicional foi colocado em cada uma das partes que formam o atributo-chave do relacionamento uma terminação que indica o papel de cada um dos alunos no relacionamento (chefe da dupla e participante). Trata-se de mera informação adicional para o caso, sem maiores implicações.

Cada instância será identificada, portanto, pela união da matrícula de cada aluno participante da dupla, de tal forma que ambas, em conjunto, são capazes de identificar univocamente uma dupla registrada.

Eventuais atributos do relacionamento, caso seja necessário, serão colocados no próprio relacionamento, como, por exemplo, um atributo *"DataFormaçãoDupla"*, que indica a data em que essa dupla foi formada.

7.3.3 Autorrelacionamento Um:Um

É um caso mais incomum de autorrelacionamento, porém possível de acontecer. Vamos tratar esse relacionamento com o seguinte contexto:

"Em uma empresa, um Funcionário pode ser casado legalmente com outro funcionário, sendo importante para a organização identificar se existe esse tipo de associação entre funcionários".

Sob a forma de conjuntos podemos representar:

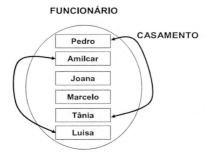

Figura 7.13: Exemplo sob a forma de conjuntos de autorrelacionamento binário do tipo Um:Um

Sob a forma de DER, a representação fica:

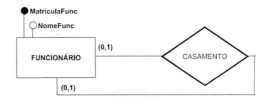

Figura 7.14: DER da situação exemplo de um autorrelacionamento Um:Um

7.4 Exercícios

7.4.1 Exercício 11: Especializar Entidades

Objetivo: Identificar situação para uso da especialização e fixar forma de representação

Contexto:
O texto a seguir descreve um ambiente educacional. Usando recurso da especialização, construa o DER que modele adequadamente o contexto apresentado.

Uma universidade particular tem um conjunto de programas de auxílio aos estudantes como forma de incentivar o trabalho, a pesquisa e a extensão e reduzir a inadimplência.

Atualmente existem vários programas ativos: Aluno-Trabalhador, Aluno-Estagiário, Aluno-Atleta e Aluno-Carente. Em breve novos planos serão implantados. Cada um destes programas é classificado em um entre dois tipos possíveis: Programa Aberto (que admite participação de qualquer aluno da universidade) e Programa Restrito (que admite participação apenas de aluno que estudou pelo menos 8 anos em escola pública de ensino fundamental e médio).

Aluno com menos de 8 anos de escola pública pode participar apenas de 1(um) programa aberto. Aluno com mais de 8 anos de escola pública pode participar de 1 (um) programa aberto e de 1(um) programa restrito.

Cada programa implantado é criado já com a definição de quantos alunos no máximo o programa pode atender simultaneamente, o valor de ajuda de custo, que difere entre os programas e a sua classificação (Aberto ou Restrito).

As informações que o gestor dos programas deseja com a implantação de um SI são:

- Para cada programa implantado, quantos são e quais são os alunos (matrícula e nome) da universidade que participam do programa de ajuda de custo e desde quando (data);
- Qual o nome, valor de ajuda de custo e quantidade máxima de alunos que cada programa pode atender simultaneamente;

Quais são os programas Abertos e quais são os programas restritos.

Construído o modelo, dicionarize uma entidade, um relacionamento e um atributo

7.4.2 Exercício 12: Representar Entidade-Fraca

Objetivo: Identificar situação para uso da entidade-fraca e fixar forma de representação

Contexto:
Use a representação de entidade-fraca para o DER que retrate o contexto abaixo.

A universidade UFO quer implantar SI para controle de quantidade de carteiras por sala de aula nos seus diversos Campus. Atualmente ela possui 5 campus, em locais e cidades diferentes. Em cada um ela possui blocos de salas. Cada campus é identificado por um número sequencial e cada bloco de salas é identificado por uma letra. As salas são numeradas sequencialmente dentro de cada bloco. É importante que o sistema forneça algumas informações:

- Nome e endereço de cada um dos Campus.
- Para cada campus, quais são os blocos de sala de aula e para cada bloco quantas salas esse possui e quantos andares.
- De cada sala é necessário saber quantas carteiras temos nela, sua área e quais são as carteiras que estão localizadas na sala com: número de patrimônio da carteira e se o braço de apoio é do lado direito ou do lado esquerdo.

7.4.3 Exercício 13: Representar Autorrelacionamento

Objetivo: Identificar situação para uso do autorrelacionamento e fixar representação

Contexto:
Para o contexto a seguir, faça DER que atenda às necessidades de informações descritas:

Em uma faculdade as disciplinas são catalogadas mediante código próprio e são denominadas de acordo com o conteúdo trabalhado em cada uma delas. Um aluno, ao precisar cursar uma disciplina qualquer, pode se matricular em uma turma ofertada para essa disciplina no seu curso ou em outro curso. Entretanto, existem disciplinas que os alunos precisam, mas que nem sempre são ofertadas turmas para elas. Nesses casos, a faculdade permite que o aluno matricule-se em uma disciplina denominada equivalente a disciplina originalmente desejada. Sendo assim, para cada disciplina existente na faculdade podem existir várias outras disciplinas equivalentes. Ao mesmo tempo, é normal que uma mesma disciplina sirva como equivalente para várias outras, e não apenas para uma. Essa equivalência entre disciplinas independe de curso, ou seja, o aluno pode cursar a disciplina equivalente em qualquer curso, bastando ela esteja cadastrada como equivalente.

As informações que basicamente a gestão acadêmica requer são:
Quais são os cursos da faculdade ?
Quais são as disciplinas de cada curso ?
Dado o código de uma disciplina, quais disciplinas que são equivalentes a ela ?

7.5 Soluções dos exercícios

7.5.1 Solução do exercício 11

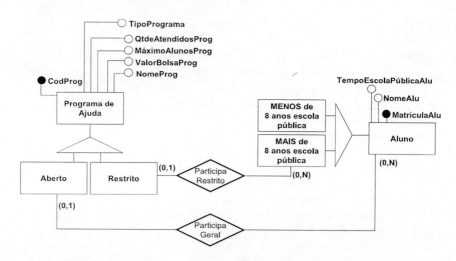

Dicionarização

Programa de Ajuda: *Programa instituído pela universidade para ajuda de custo aos estudantes.*

Restrito: *É um Programa de Ajuda que só admite alunos com 8 ou mais anos de escola pública.*

Participa Geral: *Relacionamento que define de qual programa de ajuda um aluno participa.*

TipoPrograma: *Indica a classificação do Programa (A=Aberto ou R=Restrito).*

Observações:

A especialização apresentada reforça visualmente a restrição de participação do aluno com menos de 8 anos de escola pública apenas nos programas abertos, impedindo sua participação nos programas classificados como restritos. Do ponto de vista prático, em um DER maior, essa especialização seria pouco aplicável pois tornaria o modelo visualmente poluído. Mas, como exercício de fixação do conceito ela é válida.

O relacionamento "ParticipaGeral" indica que dado um programa classificado como aberto dele podem participar qualquer aluno, independente do tempo de escola pública. No sentido inverso, um aluno qualquer, independente do tempo de escola (observe que o relacionamento parte da Entidade e não da categoria especializada) pode participar de 1 programa de ajuda, desde que do tipo aberto.

O relacionamento "ParticipaRestrito" indica que dado um programa classificado como restrito dele podem participar alunos com mais de 8 anos de estudo em escola pública, excluindo a possibilidade de participação dos demais. No sentido inverso, um aluno com mais de 8 anos pode participar de 1 (um) programa de ajuda do tipo restrito.

Observa-se que um aluno com mais de 8 anos pode participar simultaneamente de 2 programas, sendo um de cada tipo. Se isso não fosse admitido, seria necessário restringir esta situação através da dicionarização dos relacionamentos ou utilizando uma figura adicional ao diagrama de restrição de participação pela condição OU (notação não trabalhada neste livro).

7.5.2 Solução do exercício 12

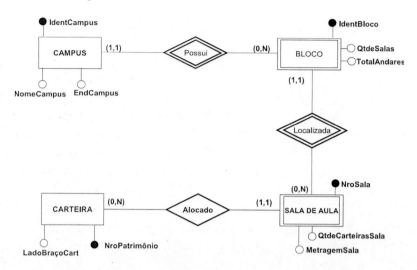

No caso, existem duas situações de entidade-fraca, ambas envolvendo a entidade "BLOCO". Para o relacionamento "Possui", a entidade "BLOCO" comporta-se como entidade-fraca em relação à entidade "CAMPUS". Aqui, cada atributo "*IdentBloco*" (atributo-chave de "BLOCO") possui valor que pode se repetir para outra instância Bloco de outro Campus. Supondo os Campus I e II, podemos ter um bloco com identificador **"A"** no campus I e também um bloco com identificador **"A"** em outro campus. Sendo assim, só o identificador do Bloco não é suficiente para diferenciá-los. Fazendo a entidade "BLOCO" fraca em relação a "CAMPUS", cada instância desse conjunto será identificada por ("*IdentCampus + IdentBloco*"). Sendo assim, temos os blocos "IA" e "IIA", por exemplo.

De forma análoga, cada sala de um bloco é numerada. Assim, podemos ter no bloco "IA" as salas 01, 02 e 03 e no bloco "IB" (bloco B do campus I) também as salas 01,02 e 03. Logo, somente o número da sala (*NroSala*) não é suficiente para identificação unívoca de cada sala da UFO. Tornando "SALA DE AULA" uma entidade-fraca em relação à entidade "BLOCO", a identificação unívoca de cada sala passa a ser dada por ("*IdentCampus + IdentBloco + NroSala*"). Sendo assim, podemos ter, por exemplo: a sala "IA02" (sala 02 do bloco A do Campus I), a sala "IB02" (sala 02 do bloco B do Campus I) e a sala "IIA02" (sala 02 do bloco A do Campus II), e assim por diante.

Esse é um caso mais raro de entidade-fraca, pois uma entidade é dita fraca de outra, que por sua vez é dita fraca de uma terceira; contudo é um caso possível de surgir.

Ainda sobre a solução do exercício, observa-se que a entidade "CARTEIRA" não é entidade-fraca em relação à "SALA". Isso pelo seguinte motivo: a identificação unívoca de cada instância Carteira independe de sua alocação em sala. Uma carteira que saia de uma sala qualquer e seja colocada em outra, permanecerá sempre com a mesma identificação (*"NroPatrimônio"*)

7.5.3 Solução do exercício 13

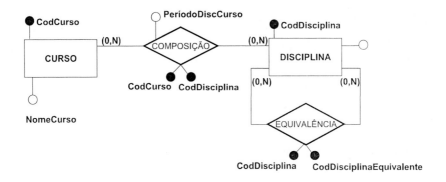

Trabalhando sobre as informações requeridas para o caso:

Quais são os cursos da faculdade?
Estão no conjunto CURSO.

Quais são as disciplinas de cada curso?
Essa informação é obtida a partir do relacionamento "Composição". No caso, foi colocado o atributo *"PeríodoCursoDisciplina"* no sentido de localizar a disciplina dentro da grade curricular do curso, haja vista que uma mesma disciplina não necessariamente está no mesmo período em todos os cursos.

Dado o código de uma disciplina, quais são as disciplinas equivalentes a ela?
Aqui se encontra a aplicação do conceito de autorrelacionamento. Cada

disciplina pode ter várias disciplinas equivalentes a ela (ou nenhuma) e, ao mesmo tempo, servir como disciplina equivalente para várias outras. Sendo assim, fica estabelecido um relacionamento disciplina–disciplina do tipo muitos:muitos.

Para identificar cada instância do relacionamento, foi seguida a regra de formação do atributo-chave do relacionamento a partir dos atributos-chave das entidades participantes. No caso, cada relação de equivalência é identificada pelo código de uma disciplina e pelo código de sua equivalente.

Relacionamentos Ternários

8.1 Definição

Todos os relacionamentos vistos até o momento foram classificados como binários, isto é, envolveram 2 objetos (instâncias de entidades). Entretanto, no mundo real as associações entre os objetos podem ser dar em graus que superam 2, envolvendo 3, 4 ou mais objetos, caracterizando os relacionamentos ternários (grau 3) e múltiplos (maior que 3).

Os conceitos associados aos relacionamentos binários se mantêm para os relacionamentos de maior grau. Como as características aplicáveis aos relacionamentos entre 3 objetos (grau 3 ou ternário) são extensíveis aos de maior grau (múltiplos), iremos explorar apenas relacionamentos ternários.

A Figura 8.01 exibe um exemplo com relacionamentos ternários entre instâncias dos conjuntos (A), (B) e (C). Nela, os relacionamentos do conjunto de relacionamentos (R) são: [**r1** *(a1, b1, c1)*; **r2** *(a1, b1, c2)*; **r3** *(a2, b1, c1)*; **r4** *(a2, b4, c1)*].

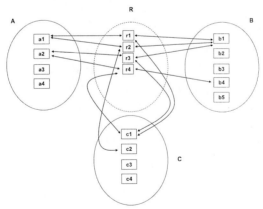

Figura 8.01: Relacionamento ternário sob a forma de conjuntos

8.2 Relacionamento ternário e necessidade de sua existência

Antes de partirmos para a forma de representação gráfica dos relacionamentos ternários é muito importante o seguinte questionamento:

"Quando de fato precisamos de um relacionamento ternário?"

92 • Modelagem Lógica de Dados: construção básica e simplificada

De forma objetiva, essa questão pode ser respondida da seguinte forma: "O uso do relacionamento ternário ocorre quando uma determinada informação a ser obtida precisa da identificação de 3 elementos em um mesmo momento".

Não se trata de uma resposta definitiva, haja vista que determinadas informações que precisam da identificação de 3 elementos podem ser obtidas através das "informações menores" tomadas duas a duas, isto é, se temos 3 objetos (a,b,c), certas informações sobre associações destes três objetos podem ser obtidas a partir de informações tomadas entre (a,b), (b,c) e (a,c). Porém, nem sempre isso será possível, o que nos conduz a situação de representação de relacionamentos ternários.

Vamos tomar como base um exemplo hipotético, cuja descrição encontra-se no quadro a seguir:

Uma empresa denominada TCK executa projetos. Em cada um desses projetos são utilizados tipos de equipamentos de trabalho que são fornecidos por fornecedores cadastrados pela empresa. Sabe-se que para um mesmo projeto podem ser fornecidos vários tipos de equipamentos e que um mesmo tipo de equipamento pode ser fornecido por mais de um fornecedor, seja no mesmo projeto ou em projetos diferentes. Também se sabe que um fornecedor fornece vários tipos de equipamentos e para vários projetos.

Sobre essa situação exemplo, podemos ter algumas necessidades de informação, como:

(1) Dado um fornecedor, para quais projetos o mesmo forneceu?
(2) Dado um fornecedor, quais tipos de equipamentos ele forneceu?
(3) Dado um projeto, quais tipos de equipamentos foram fornecidos para o projeto?
(4) Dado um projeto, quais tipos de equipamentos foram fornecidos para o projeto, identificando quem forneceu cada tipo de equipamento no citado projeto?

Partindo para a análise de cada informação temos:
- Dado um fornecedor, para quais projetos o mesmo forneceu?

Essa informação pode ser respondida a partir de um relacionamento binário entre "FORNECEDOR" e "PROJETO". Na Figura 8.02 o relacionamento "Forn-Proj" que associa cada fornecedor a cada um dos projetos fornecidos por esse, faz esse papel.

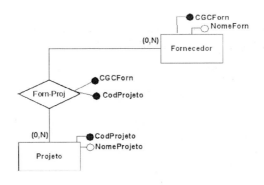

Figura 8.02: Relacionamento Forn-Proj

- Dado um fornecedor, quais tipos de equipamentos ele forneceu?

Essa informação pode ser obtida a partir de um relacionamento binário entre "FORNECEDOR" e "TIPO DE EQUIPAMENTO". Na figura 8.03 o relacionamento "Forn-TipoEq" que associa cada fornecedor a cada um dos tipos de equipamentos que ele forneceu, executa esse papel.

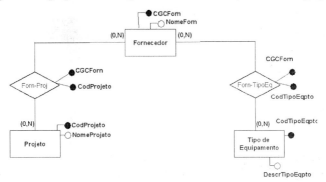

Figura 8.03: Relacionamento Forn-TipoEqpto

- Dado um projeto, quais tipos de equipamentos foram fornecidos para o projeto?

Essa informação pode ser respondida a partir de um relacionamento binário entre "PROJETO" e "TIPO DE EQUIPAMENTO". Na Figura 8.04 o relacionamento "Proj-TipoEq" que associa cada projeto a cada um dos tipos de equipamentos que para ele foram fornecidos, faz esse papel.

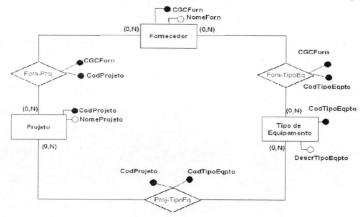

Figura 8.04: Relacionamento Proj-TipoEq

Com estes 3 relacionamentos somos então capazes de responder às questões 1, 2 e 3 elencadas.

A análise recai agora sobre a questão de número 4, que requer informação sobre os tipos de equipamentos fornecidos em cada projeto (similar a questão 3), porém com a necessidade de identificar quem forneceu cada um dos tipos de equipamentos em cada projeto.

- Dado um projeto, quais tipos de equipamentos foram fornecidos para o projeto, identificando quem forneceu cada tipo de equipamento no citado projeto ?

A idéia inicial é tentar fazer com que essa informação possa ser obtida a partir dos 3 relacionamentos representados na Figura 8.04. Isso significa que queremos uma informação que envolva 3 objetos (projeto; tipo de equipamento; fornecedor) e tentaremos verificar se ela pode ser obtida a partir dos relacionamentos binários expostos. Se for possível, significa que não precisamos do relacionamento ternário na situação exemplo.

Capítulo 8 Relacionamentos Ternários ▪ **95**

Analisando se informações binárias (*que associam cada par de objetos envolvidos no fornecimento da situação exemplo*) **podem ser obtidas a partir de uma informação ternária (que envolve 3 objetos) dada:**

Para fazer essa análise, vamos supor que efetivamente nessa empresa os seguintes 5 (cinco) fornecimentos (quadro 01) de tipos de equipamentos tenham acontecido (e somente esses 5 fornecimentos ou seja, não houve nenhum outro):

CGC Fornecedor	Código do Projeto	Código do Tipo de Equipamento
F1	PA	Te1
F1	PA	Te2
F1	PB	Te1
F2	PA	Te2
F2	PB	Te1

Quadro 01: Relação dos fornecimentos efetivamente acontecidos para a situação exemplo da empresa TCK.

Isso significa que para a primeira linha do quadro 01, o fornecedor F1 forneceu no projeto PA o Tipo de Equipamento Te1. Seguidamente, o fornecedor F1 forneceu no projeto PA o Tipo de Equipamento Te2 e assim sucessivamente, até o 5º e último fornecimento acontecido.

A partir desses fornecimentos acontecidos e analisando o quadro 01, podemos afirmar as seguintes verdades de informações entre os objetos envolvidos, tomados 2(dois) a 2(dois):

– Entre <u>Fornecedor</u> e <u>Projeto</u>, temos as relações de fornecimento (Forn-Proj):

CGC Fornecedor	Código do Projeto
F1	PA
F1	PB
F2	PA
F2	PB

quadro 02: Relação dos fornecedores de cada projeto na empresa TCK.

96 • Modelagem Lógica de Dados: construção básica e simplificada

Ou seja, fornecedor F1 forneceu para os projetos PA e PB e, por sua vez, o fornecedor F2, forneceu para os projetos PA e PB também.

– Entre <u>Fornecedor</u> e <u>Tipo de Equipamento</u>, temos as relações de fornecimento ("Forn-TipoEq"):

CGC Fornecedor	Código do Tipo de Equipamento
F1	Te1
F1	Te2
F2	Te1
F2	Te2

quadro 03: Relação dos fornecedores de cada tipo de equipamento na empresa TCK.

Ou seja, fornecedor F1 forneceu os tipos de equipamentos Te1 e Te2 e, por sua vez, o fornecedor F2, forneceu os tipos de equipamentos Te1 e Te2 também.

– Entre <u>Projeto</u> e <u>Tipo de Equipamento</u>, temos as relações de fornecimento (Proj-TipoEq):

Código do Projeto	Código do Tipo de Equipamento
PA	Te1
PA	Te2
PB	Te1

quadro 04: Relação dos tipos de equipamentos fornecidos em cada projeto da empresa TCK.

Ou seja, no projeto PA foram fornecidos os tipos de equipamentos Te1 e Te2 e, por sua vez, no projeto PB foi fornecido o tipo de equipamento Te1.

Dessa forma, podemos afirmar que, dada uma informação envolvendo 3(três) objetos quaisquer (conforme a que foi dada através do quadro 01), é possível obtermos informações menores, tomados 2(dois) a 2(dois) os objetos envolvidos (é o caso das informações obtidas através dos quadros 02; 03; 04).

Capítulo 8 Relacionamentos Ternários ▪ **97**

Sendo assim, todas as informações dos quadros 02, 03 e 04 são verdadeiras, pois foram obtidas através da informação principal (*e verdadeira*) dada pelo quadro 01.

Assumindo neste ponto que as informações dos quadros 02, 03 e 04 são verdadeiras, vamos fazer o caminho invertido, ou seja, a partir destas informações tomadas 2(duas) a 2(duas), vamos verificar se é possível chegarmos aos mesmos fornecimentos informados pelo quadro 01 (*que contém os fornecimentos efetivamente acontecidos*).

Em outros termos, estamos supondo que desconhecemos a princípio as informações dadas pelo quadro 01 e, a partir dos quadros 02, 03 e 04, verificaremos se somos capazes de chegarmos às informações iniciais dos fornecimentos efetivamente realizados.

Analisando se informações binárias (*que associam cada par de objetos envolvidos no fornecimento do exemplo*) **podem ser obtidas a partir de uma informação ternária** (*envolve 3 objetos*) **dada:**

Para ficar mais claro o entendimento, vamos repetir lado a lado os quadros 02, 03 e 04, com as informações binárias conhecidas:

CGC Fornecedor	Código do Projeto	CGC Fornecedor	Código do Tipo de Equipamento	Código do Projeto	Código do Tipo de Equipamento
F1	PA	F1	Te1	PA	Te1
F1	PB	F1	Tc2	PA	Tc2
F2	PA	F2	Te1	PB	Te1
F2	PB	F2	Tc2		

quadro 02   *quadro 03*   *quadro 04*

98 • Modelagem Lógica de Dados: construção básica e simplificada

Com essas informações, vamos iniciar um processo que busca reconstruir as relações ternárias que envolvem os 3 objetos: fornecedor, projeto e tipo de equipamento.

Iniciando, podemos afirmar que o fornecedor **F1** forneceu no projeto **PA** (quadro 02); que **F1** forneceu **Te1** (quadro 03); e que o tipo de equipamento **Te1** foi fornecido em **PA** (quadro 03), chegando a seguinte conclusão: se **F1** forneceu para **PA** e forneceu o tipo de equipamento **Te1** e este **Te1** foi fornecido em **PA**, portanto, **F1 forneceu Te1 em PA** (fornecedor F1 forneceu o tipo de equipamento Te1 para o projeto PA).

De forma análoga, podemos continuar a análise afirmando que F1 forneceu em PA; F1 forneceu Te2 e Te2 foi fornecido em PA, portanto F1, PA e Te2 mantêm um relação de fornecimento.

Fazendo essa análise sucessivamente sobre os quadros 02, 03 e 04, chegaremos às seguintes conclusões expostas no quadro 05:

CGC Fornecedor	Código do Projeto	Código do Tipo de Equipamento
F1	PA	Te1
F1	PA	Te2
F1	PB	Te1
F2	PA	Te2
F2	PB	Te1
F2	PA	Te1

quadro 05: Relação dos fornecimentos que foram identificados como acontecidos a partir das informações binárias dadas

Analisando o quadro 05 e comparando-a com o quadro 01 (*que mostra os fatos reais acontecidos para a situaçao exemplo*), percebemos que a última linha do quadro 05 apresenta um fornecimento não real, ou seja, esse fato foi concluído a partir das informações binárias dos quadros 02, 03, 04 (*que espelham os fatos reais*) porém é uma conclusão falsa.

Antes de continuar, vamos apenas analisar como se chegou a essa conclusão falsa da última linha, usando o mesmo raciocínio aplicado às linhas anteriores:

*"Se o fornecedor **F2** forneceu no projeto **PA** (quadro 02); se **F2** forneceu **Te1** (quadro 03); e se tipo de equipamento **Te1** foi fornecido em **PA** (quadro 03), chegamos a conclusão que: **F2 forneceu Te1 em PA** (fornecedor F2 forneceu o tipo de equipamento Te1 para o projeto PA)."*

Veja que a linha de raciocínio adotada foi a mesma da aplicada para qualquer outra conclusão do quadro 05. Porém, ao contrário das demais conclusões que são idênticas às do quadro 01, essa conclusão de fornecimento é FALSA, não condiz com a realidade da situação exemplo dada.

Com isso, podemos afirmar que existem situações nas quais a informação ternária (envolvendo 3 objetos) somente pode ser obtida caso se faça efetivamente a associação conjunta desses 3 objetos, pois as associações desses objetos tomados 2(dois) a 2(dois) nos conduzirão a uma série de conclusões corretas ou condizentes com a realidade, porém nos levarão também a uma outra série de informações **falsas**.

Nesse caso, a forma correta de modelar os objetos e a associação entre os mesmos para a obtenção da informação requerida é através dos relacionamentos ternários.

Voltando à necessidade de informação de número 4 do exemplo dado, a forma adequada para a obtenção dessa informação seria com a representação de um relacionamento ternário conforme exposto na Figura 8.05.

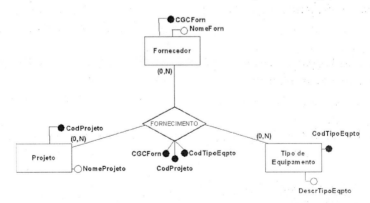

Figura 8.05: Relacionamento Ternário para o evento FORNECIMENTO (muitos:muitos:muitos)

A partir desse relacionamento ternário somos capazes de obter a informação ternária solicitada (item 4 das necessidades de informação da situação exemplo), bem como obter as informações requeridas nos demais itens (1, 2, 3), conforme a análise feita de que a partir de uma informação ternária somos capazes de obter as informações binárias sobre os pares dos objetos que fazem esta associação ternária.

Cabe salientar que a existência do relacionamento ternário não inibe por completo uma eventual necessidade de construção de relacionamentos binários entre os objetos envolvidos, haja vista que podem existir outras necessidades de informação entre os pares que não sejam necessariamente as mesmas da associação "Fornecimento" (usando o exemplo dado).

Sob a forma de construir o relacionamento ternário e suas restrições de cardinalidade e obrigatoriedade, estaremos vendo isso nos próximos itens. Neste momento, o mais importante é identificar claramente quando é efetivamente necessária a existência de uma associação ternária. Do ponto de vista prático, a sensibilidade para essa análise somente se efetivará a partir da realização prática de modelos sobre contextos que apresentem esse tipo de situação. Outrossim, em inúmeras ocasiões uma informação ternária poderá ser obtida a partir das informações binárias dos pares sobre os objetos da relação. Para melhor aprendizagem, nos exercícios e estudos de casos teremos situações típicas dos dois casos, permitindo uma clara comparação entre eles.

8.3 Representação Gráfica de um relacionamento ternário

Conforme exemplifica a Figura 8.05, a representação de relacionamentos ternários assemelha-se a dos relacionamentos binários, mas possui diferenças marcantes na forma de representar as restrições de cardinalidade e obrigatoriedade.

Para ilustrar a representação de um relacionamento ternário sob a forma de DER baseado em uma associação de objetos de 3 conjuntos distintos, voltemos aos relacionamentos (R) da Figura 8.01 e, sob essa, podemos construir a representação ER conforme Figura 8.06:

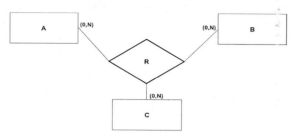

Figura 8.06: DER de um relacionamento ternário

No caso, (R) é o relacionamento entre as entidades (A), (B) e (C) e as indicações próximas a cada uma das entidades são as restrições de cardinalidade e obrigatoriedade.

Para representar as restrições de cardinalidade são utilizados os mesmos indicadores [**1**(um) e **N**(muitos)] e para representar as restrições de obrigatoriedade são utilizados os indicadores [**0**(não obrigatório) e **1**(obrigatório)].

8.3.1 Representação da cardinalidade em um relacionamento ternário

Em relação à **cardinalidade** (máximo de elementos), a interpretação do relacionamento deve ser feita tomando-se por base a relação de um par de instâncias (a,b por exemplo) com a terceira instância (c por exemplo) para representar como esse par (a,b) se comporta em relação a esse terceiro elemento (c). Continuamente, toma-se por base a relação do par (b,c) para determinar como esse se comporta em relação ao elemento (a) e finalmente toma-se o par (a,c) para determinar como o mesmo se comporta em relação ao terceiro elemento (b).

O comportamento de (a,b) com (c) determina a cardinalidade que será representada junto à entidade (C); o comportamento de (b,c) em relação a (a) determina a cardinalidade que será representada junto à entidade (A) e, finalmente, o comportamento de (a,c) em relação a (b) determina a cardinalidade que será representada junto à entidade (B).

Desta forma, podemos ter para relacionamentos ternários os seguintes tipos de relacionamentos: Um:Um:Um (um-para-um-para-um); Um:Um:Muitos (um-para-um-para-muitos); Um:Muitos:Muitos (um-para--muitos-para-muitos); e Muitos:Muitos:Muitos (muitos-para-muitos-para-muitos).

8.3.2 Representação da obrigatoriedade em um relacionamento ternário

Quanto à **obrigatoriedade** a interpretação do relacionamento é feita de forma análoga à da cardinalidade, ou seja, analisa-se o comportamento de um par qualquer de elementos de 2 entidades em relação aos elementos da terceira entidade.

A melhor forma de se estudar a representação da cardinalidade e da obrigatoriedade nos relacionamentos ternários é vendo cada um dos tipos de relacionamentos ternários isoladamente.

Por se tratar do tipo mais comum para relacionamentos ternários, vamos trabalhar inicialmente a cardinalidade e a obrigatoriedade para os relacionamentos Muitos:Muitos:Muitos (ou N:N:N).

8.4 Relacionamento Ternário Muitos:Muitos:Muitos (N:N:N)

Um relacionamento é denominado Muitos:Muitos:Muitos (ou N:N:N) quando temos a seguinte regra de Cardinalidade:

> *"Um par de elementos (a, b) oriundos de 2 conjuntos (A) e (B) pode estar associado a vários elementos de um conjunto (C) e; Um par de elementos (b, c) oriundos de 2 conjuntos (B) e (C) pode estar associado a vários elementos de um conjunto (A) e; Um par de elementos (a, c) oriundos de 2 conjuntos (A) e (C) pode estar associado a vários elementos de um conjunto (B)".*

É o que está sendo representado pela Figura 8.01 (sob a forma de conjuntos) e a Figura 8.06 (sob a forma de DER). Sendo assim, vamos utilizar esse exemplo da Figura 8.01 para analisar as cardinalidades do relacionamento (R).

Iniciando pelo comportamento do par (a,b) em relação a (c), podemos afirmar que, dado um par de instâncias (a,b), esse par pode se associar a N (vários ou muitos) instâncias de (C). É caso no exemplo do par (a1,b1). Para esse par temos duas relações: [r1 (a1,b1,c1) e r2 (a1,b1,c2)]. Portanto, dado um par qualquer (an,bn) esse par pode se associar a vários elementos de (C),

Capítulo 8 Relacionamentos Ternários • **103**

implicando em uma cardinalidade máxima N. Quanto à obrigatoriedade, a análise pode ser feita da seguinte forma: dado um par qualquer (a,b), esse par pode estar associado ou não a um elemento qualquer de (C). Peguemos por exemplo o par (a4,b5). Este par não está associado a nenhum elemento de (C). Portanto, não há obrigatoriedade de um par (a,b) estar associado a um elemento de (C). Isto implica no indicador 0 junto à entidade (C). Com isso, temos definidas as cardinalidades máxima e mínima (obrigatoriedade) que devem ser representadas junto à entidade (C).

Seguindo, vamos analisar o comportamento dos pares (b,c) em relação à entidade (A). No exemplo, temos que o par (b1,c1) está associado com (A) através de duas relações: [r1 (a1,b1,c1) e r3 (a2,b1,c1)]. Portanto, dado um par qualquer (bn,cn) este par pode se associar a vários elementos de (A), implicando em uma cardinalidade máxima N. Quanto à obrigatoriedade, a análise pode ser feita da seguinte forma: dado um par qualquer (b,c), este par pode estar associado ou não a um elemento qualquer de (A). Peguemos por exemplo o par (b4,c4). Esse par não está associado a nenhum elemento de (A). Portanto, não há obrigatoriedade de um par (b,c) estar associado a um elemento de (A). Isso implica no indicador 0 junto à entidade (A). Com isso, temos definidas as cardinalidades máxima e mínima (obrigatoriedade) que devem ser representadas junto à entidade (A).

Por último, vamos analisar o comportamento dos pares (a,c) em relação à entidade (B). No exemplo, temos que o par (a2, c1) está associado com (B) através de duas relações: [r3 (a2, b1, c1) e r4 (a2, b4, c1)]. Portanto, dado um par qualquer (an, cn) esse par pode se associar a vários elementos de (B), implicando em uma cardinalidade máxima N. Quanto à obrigatoriedade, a análise pode ser feita da seguinte forma: dado um par qualquer (a, c), este par pode estar associado ou não a um elemento qualquer de (B). Peguemos por exemplo o par (a3, c3). Esse par não está associado a nenhum elemento de (B). Portanto, não há obrigatoriedade de um par (a, c) estar associado a um elemento de (B). Isso implica no indicador 0 junto à entidade (B). Com isso, temos definidas as cardinalidades máxima e mínima (obrigatoriedade) que devem ser representadas junto à entidade (B).

Feita essa análise, podemos então chegar à representação do DER que está na Figura 8.06, na qual o relacionamento (R) é ternário (envolve 3 instâncias) e do tipo N:N:N (cardinalidades máximas junto a cada uma das entidades que integram o relacionamento em pauta).

Em geral, a grande maioria dos casos modelados que envolvem relacionamentos ternários será do tipo Muitos:Muitos:Muitos (N:N:N). Isso porque na maior parte das situações reais os demais tipos de relacionamentos ternários poderão ser desmembrados em relacionamentos binários menores, sem prejuízo na obtenção da informação requerida.

Essa situação é bem explicada no estudo das regras de normalização, especialmente nas denominadas 4ª e 5ª formas normais. Entretanto, esse ponto não é abordado neste livro, e, portanto, iremos analisar cada um dos tipos de relacionamentos ternários.

Para melhor ilustrar e contribuir para o processo de aprendizagem, voltemos ao exemplo do relacionamento "Fornecimento". Trata-se tipicamente de um relacionamento ternário do tipo Muitos:Muitos:Muitos, haja vista que as regras embutidas são:

> *"Dado um fornecedor, ele pode fornecer vários tipos de equipamentos em vários projetos"*
>
> *"Dado um projeto, no mesmo podem ser fornecidos vários tipos de equipamentos, vindos de diversos fornecedores diferentes, lembrando que no mesmo projeto um mesmo tipo de equipamento pode ser fornecido por vários fornecedores"*
>
> *"Dado um tipo de equipamento qualquer, ele pode ser fornecido para vários projetos e por diferentes fornecedores, seja no mesmo projeto ou não".*

As regras dessa associação de "FORNECIMENTO" são livres pelo contexto dado, caracterizando a justificativa para cada uma das cardinalidades "N" (muitos) colocadas junto às entidades integrantes do relacionamento.

Quanto à obrigatoriedade, a análise pode ser feita da seguinte forma: "pegue" um fornecedor qualquer do conjunto de fornecedores (exemplo: Fx) e una-o a um tipo de equipamento qualquer do conjunto de tipos de equipamentos (exemplo: Tey). Para este par (Fx,Tey) podem ter acontecidos vários fornecimentos em diferentes projetos (o que explica o N(muitos) junto à entidade Projeto) ou não ter havido, ou seja, esse fornecedor não

Essa análise você pode estender para os pares tomados 2(dois) a 2(dois) e analisar em relação ao terceiro elemento, chegando à solução que está exposta na Figura 8.05.

8.4.1 Atributos em relacionamento ternário N:N:N

Assim como nos relacionamentos binários, os relacionamentos ternários podem possuir ou não atributos.

Sobre o exemplo do relacionamento "Fornecimento", suponha que ao identificarmos que um determinado fornecedor forneceu um determinado tipo de equipamento para um determinado projeto quiséssemos saber quando que ele fez esse fornecimento. Nesse caso, precisaríamos de um atributo (*"DataFornecimento"*) para obtenção da informação requerida. Esse atributo caracteriza o "Fornecimento" e deverá ser colocado sob o relacionamento ternário em pauta.

É importante observar que se esse atributo fosse colocado em uma das entidades, não teríamos como discriminar a informação no nível de detalhamento que é exigido.

8.4.2 Atributo-chave em relacionamento ternário N:N:N

O atributo chave de relacionamentos ternários N:N:N pode ser analisado de forma análoga à análise do atributo chave dos relacionamentos binários N:N (Muitos:Muitos).

Nesse caso, vejamos o relacionamento "Fornecimento" do exemplo dado em figura anterior.

"Fornecimento" é um conjunto de relacionamentos entre 3(três) objetos (Fornecedor e Projeto e TipoDeEquipamento) onde cada instância desse conjunto se diferencia do outro através da associação dos atributos-chaves das entidades que integram o relacionamento.

Nesse caso, vamos pegar o primeiro fornecimento dito como verdadeiro que está explícito no quadro 01: (F1 x PA x Te1). Esse relacionamento se diferencia de todos os demais pela união exatamente dos atributos-chaves das instâncias que o integram. Sendo assim, nenhum outro fornecimento entre F1 x PA e Te1 existirá, haja vista que o mesmo já foi referenciado como existente.

Logo, um relacionamento ternário desse tipo é univocamente identificado pela união dos atributos-chaves das entidades que o formam, podendo ser representado sobre o relacionamento da maneira como está exposta na Figura 8.05.

Nesse momento, é comum que surja o seguinte questionamento: "Não podemos ter em "Fornecimento" um atributo-chave como um *"NúmeroFornecimento"* que se diferencie de cada um dos demais relacionamentos (portanto de característica unívoca)"?

A resposta para esse questionamento seria **NÃO**.

A justificativa se dá a partir das definições do contexto. Se estivermos afirmando nesse contexto que um mesmo fornecedor (F1) fornece um tipo determinado de equipamento (Te1) para um mesmo projeto (PA) uma única vez, significa que essa associação deve ser garantida que não acontecerá duas ou mais vezes. Nesse caso, se optarmos por um *"NúmeroFornecimento"*, nada impede que o *"NúmeroFornecimento=33"* e o *"NúmeroFornecimento=66"*, por exemplo, tenham ambos associações que apontem para o mesmo fornecedor, tipo de equipamento e projeto Com isso, dois "registros" de fornecimento estariam referenciando o mesmo evento fornecimento.

Continuando com possíveis questionamentos, pode surgir ainda a seguinte dúvida: "Se este fornecimento entre F1-PA-Te1 puder ocorrer mais de uma vez, mesmo assim não devemos ter o atributo-chave *NroFornecimento*" ?

Nesse caso, devemos analisar qual a nossa real necessidade de informação. Vejamos:

Se independentemente de quantas vezes F1-PA-Te1 ocorreu, apenas precisamos registrar que em algum momento isso aconteceu, continuamos com a mesma solução, sem esse atributo *"NroFornecimento"* e com o atributo-chave formado pelos atributos-chave das entidades que formam o relacionamento, tornando o fato como único, pois basta registrá-lo uma única vez.

Se a cada vez que F1-PA-Te1 se relacionarem em um fornecimento nós precisarmos registrar tal fato, então nosso contexto modificou, pois onde antes tínhamos apenas a necessidade de informar que houve relacionamento destes 3 objetos, agora estamos querendo registrar cada ocasião destas como um relacionamento distinto. Nesse caso, o conceito de "Fornecimento" mudou dentro do contexto. Entretanto, mesmo assim não cabe definitivamente um atributo do tipo "NroFornecimento", pois cairíamos

Capítulo 8 Relacionamentos Ternários • **107**

num contexto em que fatos históricos estão sendo registrados, entrando outros conceitos que não foram ainda tratados, mas serão vistos mais adiante.

Optando eventualmente pela solução de colocar um atributo *"NroFornecimento"*, recaímos em um caso no qual onde tínhamos antes um relacionamento ternário, temos uma nova entidade (que pode se chamar "FORNECIMENTO") e dessa nova entidade teríamos relacionamentos binários com Fornecedor, Projeto e Tipo de Equipamento, mudando a forma de analisar e modelar o contexto. É importante ressaltar que se faz necessário tomar cuidado para verificar se regras do contexto não estão sendo quebradas apenas para satisfazer o desejo do modelador.

Sendo assim, a solução mais apropriada para o contexto apresentado é a exemplificada na Figura 8.05, com o atributo-chave formado a partir dos atributos-chaves das entidades que integram o relacionamento.

Mais à frente estaremos trabalhando com relacionamentos que envolvem modelagem de fatos históricos.

8.5 Relacionamento Ternário Um:Muitos:Muitos

Um relacionamento é denominado Um:Muitos:Muitos (ou 1:N:N) quando temos a seguinte regra de Cardinalidade:

> *"Um par de elementos (a, c) oriundos de 2 conjuntos (A) e (C) pode estar associado a vários elementos de um conjunto (B) e; Um par de elementos (b, c) oriundos de 2 conjuntos (B) e (C) pode estar associado a vários elementos de um conjunto (A) e; Um par de elementos (a, b) oriundos de 2 conjuntos (A) e (B) pode estar associado a no máximo 1(um) único elemento de um conjunto (C)".*

Essa situação esta representada sob a forma de conjuntos na Figura 8.07 e sob a forma de diagrama ER na Figura 8.08.

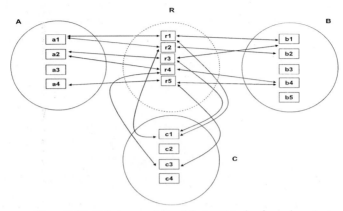

Figura 8.07: Relacionamento ternário 1:N:N sob a forma de conjuntos

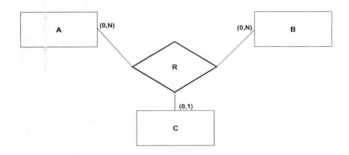

Figura 8.08: Relacionamento ternário 1:N:N sob a forma de DER

Iniciando pelo comportamento do par (a,c) em relação à (B), podemos afirmar que, dado um par de instâncias (a,c), esse par pode se associar a N (vários ou muitos) instâncias de (B). É caso no exemplo do par (a1,c1). Para esse par temos duas relações: [r1 (a1,b1,c1) e r2 (a1,b2,c1)]. Portanto, dado um par qualquer (an,cn) este par pode se associar a vários elementos de (B), implicando em uma cardinalidade máxima N.

Seguindo, vamos analisar o comportamento dos pares (b,c) em relação à entidade (A). No exemplo, temos que o par (b1,c1) está associado com (A) através de duas relações: [r1 (a1,b1,c1) e r3 (a2,b1,c1)]. Portanto, dado um par qualquer (bn,cn) este par pode se associar a vários elementos de (A), implicando em uma cardinalidade máxima N.

Por último, vamos analisar o comportamento dos pares (a,b) em relação à entidade (C). No exemplo, qualquer par que associe um elemento de (A)

Capítulo 8 Relacionamentos Ternários • 109

com um elemento de (B), sempre esse par (a,b) apontará para 1(um) único elemento de (C), e, em nenhum momento haverá outro relacionamento que associe as mesmas instâncias (a,b) que já apontam para uma instância de (C). Vejamos por exemplo as relações r1 (a1,b1,c1); r2 (a1,b2,c1); r3 (a2,b1,c1); r4(a2,b4,c3); e r5(a4,b4,c3). Em nenhum momento teremos o mesmo par (a,b) apontando ou se associando a mais de uma instância de (C).

Quanto à obrigatoriedade cabe análise análoga a que foi utilizada para os relacionamentos muitos:muitos:muitos.

Feita essa análise, podemos então chegar à representação do diagrama que está na Figura 8.08, na qual o relacionamento (R) é ternário (envolve 3 instâncias) e do tipo 1:N:N (cardinalidades máximas junto a cada uma das entidades que integram o relacionamento em pauta).

Observe que independente da ordem em que será colocada a cardinalidade (1:N:N ou N:1:N ou N:N:1), nesses casos temos sempre um relacionamento genericamente denominado (um:muitos:muitos ou 1:N:N).

Esse tipo de relacionamento pode, na maior parte das vezes, ser "quebrado" em relacionamentos binários menores. Esse ponto será estudado mais à frente, quando abordaremos o assunto agregação.

Para melhor ilustrar esse tipo de relacionamento, vamos trabalhar novamente sobre o relacionamento "Fornecimento".

Para ele, valem seguintes regras iniciais:

> - *"Em um projeto podemos ter vários tipos de equipamentos fornecidos por diversos fornecedores";*
> - *"Dado um fornecedor, ele pode fornecer em um mesmo projeto, diversos tipos de equipamentos";*
> - *"Dado um fornecedor, ele pode fornecer um mesmo tipo de equipamento para diversos projetos";*
> *Entretanto, vamos inserir uma exceção, ou seja, uma nova regra de fornecimento:*
> - *"Um tipo de equipamento, quando fornecido para um determinado projeto, somente pode ser fornecido para este projeto por um único fornecedor".*

Nesse caso, enquanto antes o mesmo tipo de equipamento poderia em um projeto ser fornecido por mais de um fornecedor, agora não é mais possível, de acordo com a restrição imposta.

Modelando esse relacionamento, teremos o DER conforme a Figura 8.09:

110 • Modelagem Lógica de Dados: construção básica e simplificada

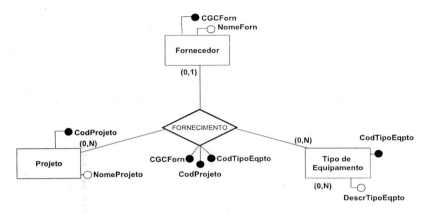

Figura 8.09: Relacionamento ternário para o evento FORNECIMENTO (um:muitos:muitos)

Fazendo a leitura sobre a Figura temos:
- "Um fornecedor pode fornecer para um projeto vários tipos de equipamentos"
- "Um fornecedor pode fornecer um mesmo tipo de equipamento para vários projetos"
- "Um tipo de equipamento pode ser fornecido para um projeto por um único fornecedor"

Sendo assim, fica estabelecido um relacionamento ternário Um:Muitos:Muitos, haja vista a nova regra imposta ao relacionamento "Fornecimento".

Quanto à obrigatoriedade, servem de forma análoga as mesmas análises feitas e tratadas para o mesmo relacionamento no item anterior.

Quanto aos atributos do relacionamento e ao atributo chave, valem as mesmas considerações feitas sobre os relacionamentos ternários do tipo muitos:muitos:muitos.

Esse tipo de relacionamento exemplificado caracteriza facilmente como um relacionamento ternário que pode ser "quebrado" em relacionamentos menores do tipo binário. Entretanto, deixaremos essa abordagem para ponto posterior desse trabalho quando será tratado o assunto agregação.

8.6 Relacionamento Ternário Um:Um:Muitos

Um relacionamento é denominado Um:Um:Muitos (ou 1:1:N) quando temos a seguinte regra de Cardinalidade:

Capítulo 8 Relacionamentos Ternários ▪ 111

> "Um par de elementos (a,b) oriundos de 2 conjuntos (A) e (B) pode estar associado a vários elementos de um conjunto (C) e; Um par de elementos (a, c) oriundos de 2 conjuntos (A) e (C) pode estar associado a no máximo 1(um) único elemento de um conjunto (B) e; Um par de elementos (b, c) oriundos de 2 conjuntos (B) e (C) pode estar associado a no máximo 1(um) único elemento de um conjunto (A)".

Esta situação está representada sob a forma de conjuntos na Figura 8.10 e sob a forma de DER na Figura 8.11.

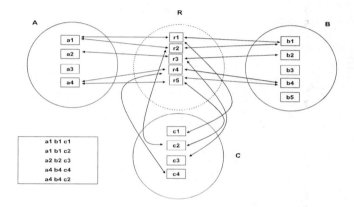

Figura 8.10: Relacionamento ternário 1:1:N sob a forma de conjuntos

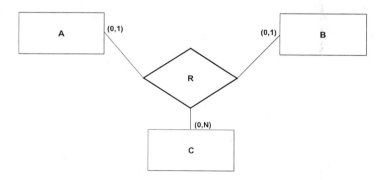

Figura 8.11: Relacionamento ternário 1:1:N sob a forma de DER

Iniciando pelo comportamento do par (a,b) em relação à (C), podemos afirmar que, dado um par de instâncias (a,b), este par pode se associar a N

112 • Modelagem Lógica de Dados: construção básica e simplificada

(vários ou muitos) instâncias de (C). É caso no exemplo do par (a1,b1). Para esse par temos duas relações: [r1 (a1,b1,c1) e r2 (a1,b1,c2)]. Portanto, dado um par qualquer (an,bn) esse par pode se associar a vários elementos de (C), implicando em uma cardinalidade máxima N.

Seguindo, vamos analisar o comportamento dos pares (a,c) em relação à entidade (B). No exemplo, qualquer par (a,c) associa-se a 1(uma) única instância de (B). Portanto, dado um par qualquer (an,cn) esse par pode se associar a 1(um) único elemento de (B), implicando em uma cardinalidade máxima 1.

Por último, vamos analisar o comportamento dos pares (b,c) em relação à entidade (A). No exemplo, qualquer par (b,c) associa-se a 1(uma) única instância de (A). Portanto, dado um par qualquer (bn,cn) esse par pode se associar a 1(um) único elemento de (A), implicando em uma cardinalidade máxima 1.

Quanto à obrigatoriedade cabe análise análoga à que foi utilizada para os relacionamentos muitos:muitos:muitos.

Feita essa análise, podemos então chegar à representação do DER que está na Figura 8.11, na qual o relacionamento (R) é ternário (envolve 3 instâncias) e do tipo 1:1:N (cardinalidades máximas junto a cada uma das entidades que integram o relacionamento em pauta).

Para ilustrar esse tipo de relacionamento, vamos supor o seguinte contexto:

> *Em uma empresa, Estagiários trabalham em Projetos sob a supervisão de Instrutores, sob as seguintes condições:*
> - *Um Estagiário em um Projeto pode ter apenas um Instrutor*
> - *Um Instrutor em um Projeto pode supervisionar vários Estagiários*
> - *Um Instrutor não pode supervisionar um mesmo Estagiário em mais de um Projeto.*

Supondo ser necessário a obtenção de algum tipo de informação que envolvesse a relação destes 3 objetos: estagiário, projeto e instrutor, podemos construir o DER que modele essa situação conforme diagrama da Figura 8.12:

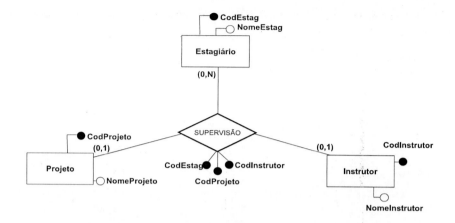

Figura 8.12: Relacionamento Ternário para o evento SUPERVISÃO (um:um:muitos)

Fazendo a leitura do DER temos:

- "Um estagiário pode ser supervisionado em um mesmo projeto por um único instrutor"
- "Um estagiário pode ser supervisionado pelo mesmo instrutor em um único projeto"
- "Um instrutor pode supervisionar em um mesmo projeto vários estagiários".

Dessa forma, fica caracterizado o relacionamento ternário (Um:Um:Muitos).

Quanto à obrigatoriedade e colocação de atributos do relacionamento, servem as mesmas análises feitas para os relacionamentos ternários anteriores.

Entre os 3 tipos de relacionamentos ternários vistos, esse parece ser o relacionamento mais apropriado para ser desmembrado em relacionamentos binários menores. Entretanto, após abordarmos o assunto agregação, veremos que nem sempre um relacionamento ternário Um:Um:Muitos pode ser desmembrado de forma simplificada para relacionamentos binários menores, e, para esse caso específico que utilizaremos como exemplo para tratar do assunto de transformação de relacionamentos ternários em binários, ficará demonstrado que se trata de um caso para o qual não se aplica tal transformação ou desmembramento.

8.7 Considerações adicionais sobre relacionamentos ternários

Algumas considerações são importantes sobre os relacionamentos ternários:

- Na maior parte das situações do mundo real onde surge a necessidade da construção de um relacionamento ternário, o mesmo se apresenta sob o tipo N:N:N;
- Para esses casos, quase sempre as obrigatoriedades exibidas serão 0 (não obrigatoriedade);
- É comum que relacionamentos ternários possam ser reconstruídos sob a forma de relacionamentos binários, simplificando a construção dos modelos. Isso não significa que sempre isto será possível;
- Existem relacionamentos 1:1:1, mas são de pouca aplicação contextual;
- Trabalhar com relacionamentos ternários requer prática com relacionamentos binários;
- Os eventos históricos são estreitamente ligados aos relacionamentos ternários e serão tratados oportunamente;
- Regras de normalização, em especial a 4ª e 5ª formas normais, que são conceitos associados à construção de bancos de dados são estreitamente ligadas aos relacionamentos ternários;
- Existem determinados relacionamentos ternários que podem efetivamente serem "quebrados" em relacionamentos binários menores. Entretanto, para desenvolvimento de tal procedimento é preciso ver o assunto Agregação (que será abordado posteriormente neste trabalho).

8.8 Exercícios

8.8.1 Exercício 14: Identificar e representar relacionamentos ternários N:N:N

Objetivo: Analisar a existência de relacionamentos ternários (N:N:N) e fixar representação.

Contexto:
Suponha que em uma empresa funcionários trabalham em projetos, onde em cada projeto um funcionário pode exercer determinadas funções de acordo com as seguintes regras:

Capítulo 8 Relacionamentos Ternários • 115

- Funcionários exercem diferentes funções em diversos projetos.
- Um funcionário pode exercer em um mesmo projeto diferentes funções.
- Em um projeto podemos ter a mesma função sendo exercida por diferentes funcionários.
- Um funcionário pode exercer a mesma função em diferentes projetos.

A partir desse contexto, construa um DER que possua os dados e as relações compatíveis com este contexto e que seja capaz de atender às seguintes necessidades de informação:

1) Qual o código e o nome de cada projeto da empresa?

2) Qual a matrícula e nome de cada funcionário?

3) Quais são as possíveis funções de serem exercidas na empresa (nome da função)?

4) Dada a matrícula de um funcionário e um projeto no qual o mesmo exerce função, quais funções esse empregado exerce neste projeto?

5) Dada a matrícula de um funcionário e uma função, em quais projetos esse funcionário exerce essa função?

6) Dado o código de um projeto e uma função, quais funcionários exercem essa função dada no projeto em pauta?

7) A partir de que data um determinado funcionário iniciou o exercício de uma determinada função em um determinado projeto?

8) Dada a matrícula de um funcionário, em quais projetos o mesmo exerce alguma função?

8.8.2 Exercício 15: Identificar e representar relacionamentos ternários N:N:N

Objetivo: Analisar a relação de existência ou não de relacionamentos binários ou ternários

Contexto:
Sobre o mesmo caso do exercício 14, suponha que exista agora a seguinte situação: os projetos existentes na empresa podem ser projetos criados por pessoas externas à empresa ou podem ter sido criados por funcionários da própria empresa. Nesse caso, o(s) funcionário(s) que criou o projeto é considerado mentor ou idealizador do projeto. Alguns projetos podem contar com mais de um funcionário mentor e um funcionário pode ser mentor de vários projetos.

116 • Modelagem Lógica de Dados: construção básica e simplificada

Além das informações citadas, suponha que a empresa gostaria de saber os nomes dos funcionários que são mentores de projetos. Sabendo disso, complete o DER elaborado para o exercício 14 que represente esse novo contexto.

8.8.3 Exercício 16: Identificar e representar relacionamentos ternários 1:N:N

Objetivo: Analisar a existência de relacionamentos ternários (1:N:N) e fixar representação.

Contexto:
Suponha que em uma empresa funcionários trabalham em projetos, onde em cada projeto um funcionário pode exercer determinadas funções de acordo com as seguintes regras:
– Um funcionário quando exerce uma função em um projeto, somente pode exercer, nesse projeto, essa função. (**restrição em relação ao exercício anterior**).
– Em um projeto podemos ter a mesma função sendo exercida por vários funcionários.
– Um funcionário pode exercer a mesma função em diferentes projetos

A partir desse contexto, construa um DER que possua os dados e as relações compatíveis com este contexto e que seja capaz de atender às seguintes necessidades de informação:

1) Qual o código e o nome de cada projeto da empresa?
2) Qual a matrícula e nome de cada empregado?
3) Quais são as possíveis funções de serem exercidas na empresa (nome da função)?
4) Dada a matrícula de um empregado e um projeto no qual ele exerce função, quais funções esse empregado exerce neste projeto?
5) Dada a matrícula de um empregado e uma função, em quais projetos esse empregado exerce essa função?
6) Dado o código de um projeto e uma função, quais empregados exercem essa função dada no projeto em pauta?
7) A partir de que data um determinado empregado iniciou o exercício de uma determinada função em um determinado projeto?

8) Dada a matrícula do empregado, em quais projetos ele exerce alguma função?

8.8.4 Exercício 17: Identificar e representar relacionamentos ternários 1:1:N

Objetivo: Analisar a existência de relacionamentos ternários (1:1:N) e fixar representação.

Contexto:
Em uma empresa, Estagiários trabalham em Projetos sob a *supervisão* de Instrutores, sob as seguintes condições:
- Um Estagiário em um Projeto pode ter apenas um Instrutor
- Um Instrutor em um Projeto pode supervisionar vários Estagiários
- Um Instrutor não pode supervisionar um mesmo Estagiário em mais de um Projeto.

Neste contexto, as seguintes informações são necessárias:
1) Qual a matrícula e nome de cada estagiário?
2) A partir de que data cada estagiário foi contratado?
3) Qual o nome de cada projeto da empresa e data de início do mesmo?
4) Qual a matrícula, nome e data de admissão de cada instrutor?
5) Dada a matrícula de um instrutor, qual o nome dos estagiários que ele supervisiona e em qual projeto ele supervisiona cada estagiário?
6) A partir da informação anterior, a partir de qual data que esta supervisão se deu?
7) Dada a matrícula de um estagiário, em quais projetos ele é supervisionado?

Sob esse cenário, construa o DER que apresente os dados e as relações compatíveis para atender às informações descritas.

8.9 Soluções dos exercícios

8.9.1 Solução do exercício 14

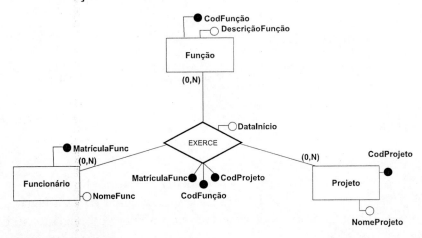

Dicionarização:
Exerce: *Relação que indica que um funcionário exerce uma determinada função em um projeto.*
DataInício: *Data a partir da qual um funcionário passou a exercer uma determinada função em um projeto.*

Observações:
As informações requeridas e indicadas pelos itens 4, 5 e 6 são respondidas pelo relacionamento "EXERCE".

Nesse caso, a mesma análise que foi feita para o relacionamento "Fornecimento" utilizado no item que descreve sobre relacionamentos ternários pode ser feita aqui, isto é, a informação não pode ser obtida através de relacionamentos binários tomados os objetos dois a dois.

Em relação à informação requerida no item 7 ela é obtida sobre o atributo *"DataInício"* que caracteriza cada relacionamento "EXERCE".

A necessidade de informação do item 8 é obtida a partir do relacionamento "EXERCE", usando o princípio de que a partir da informação ternária podemos recompor informações binárias entre 2 dos elementos envolvidos. Nesse caso, não se faz necessária uma nova relação entre Funcionário e Projeto. Entretanto, caso a informação a ser obtida entre Funcionário e Projeto fosse outra que não tivesse referência com a relação Exerce, poderíamos ter esse relacionamento binário. É o que trata o exercício seguinte.

8.9.2 Solução do exercício 15

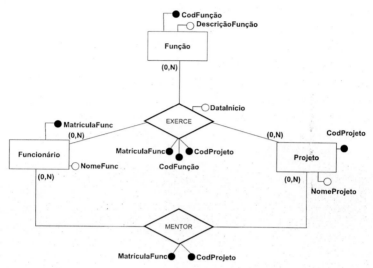

Dicionarização:
Exerce: *Relação que indica que um funcionário exerce uma determinada função em um projeto.*
Mentor: *Relação que indica o funcionário que foi mentor ou idealizador de um projeto.*

Observações:
O relacionamento "Exerce" é totalmente independente do relacionamento "Mentor". O fato de um funcionário exercer ou não uma função em um projeto não tem conotação com o fato de um funcionário ser ou não ser idealizador de um projeto.

Logo, a relação entre funcionário e projeto do ponto de vista de ser ou não idealizador é irrelevante para a relação "Exerce".

Sendo assim, nem mesmo a informação requerida no item 8 do exercício 14 pode ser obtida por esta relação "Mentor", haja vista serem independentes. Essa análise será importante para o estudo da agregação de relacionamentos

8.9.3 Solução do exercício 16

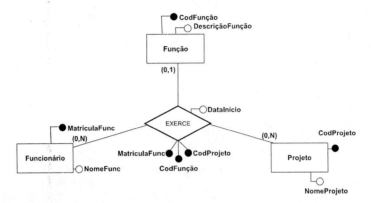

Observações:
Com a nova restrição imposta, o relacionamento "Exerce" passou a ser um relacionamento ternário (1:N:N), onde dado um funcionário e um projeto, esse par (funcionário-projeto) somente pode se associar a uma única função.

8.9.4 Solução do exercício 17

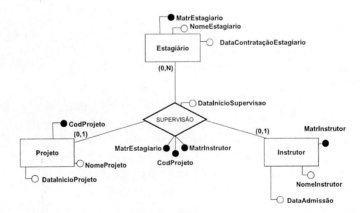

Observações:
As informações de 1 a 4 elencadas no exercício são atendidas pelos atributos colocados sob cada uma das entidades. A informação 5 (dada matrícula de um instrutor, qual o nome dos estagiários que ele supervisiona e em

Capítulo 8 Relacionamentos Ternários • 121

qual projeto ele supervisiona cada estagiário) é obtida a partir do relacionamento "Supervisão".

A data de início da supervisão é obtida também a partir do relacionamento. Essa data não pode ser colocada em "ESTAGIÁRIO", pois um mesmo estagiário pode atuar em mais de um projeto, portanto pode-se ter mais de uma data de início de supervisão por estagiário. Não pode ser colocada em "PROJETO", pois no mesmo projeto podemos ter vários estagiários e, de forma similar, não pode ser colocada em Instrutor, pois um mesmo instrutor pode supervisionar vários estagiários. Logo, essa data somente pode ser colocada no relacionamento que associa os 3 objetos integrantes.

Quanto à informação 7 (dada matrícula de um estagiário, em quais projetos ele é supervisionado), observe que a informação é requerida sobre a relação entre 2 objetos (estagiário-projeto). Sendo assim, caberiam duas soluções: **(a)** criar uma nova relação entre estes 2 objetos ou **(b)** obter a informação menor (binária) a partir da informação mais detalhada (ternária) conforme visto no início do capítulo que trata dos relacionamentos ternários.

Criar esse novo relacionamento implica em redundância, haja vista que toda vez que se registrasse uma supervisão (estagiário-projeto-instrutor), seria necessário também se registrar uma associação binária estagiário--projeto. Essa solução provoca redundância desnecessária e possível falta de integridade (pela inclusão da associação ternária em "Supervisão" e a não inclusão em "Estagiário-Projeto"). Sendo assim, a solução **(b)** é a correta.

É certo que o leitor pode ficar intrigado em porque não quebrar essa relação ternária em relações binárias e atender mais facilmente (pelo menos a primeira vista) as necessidades de informações descritas. Para compreender é necessário continuar o estudo e após o capítulo que trata desse assunto analisar a solução dada nesse momento e obter a resposta.

9

Agregação

9.1 Agregação

Existem determinados relacionamentos ternários que podem efetivamente serem "quebrados" ou transformados em relacionamentos binários menores. Entretanto, para desenvolvimento de tal procedimento é preciso estudar o assunto Agregação.

Cabe lembrar que nem sempre essa transformação será possível, haja vista que determinadas situações não permitem que relacionamentos ternários sejam transformados em relacionamentos binários sob o risco de se ferir algum tipo de regra entre os objetos envolvidos. Outrossim, nem sempre essa "quebra" ou "transformação" em relacionamentos binários será útil do ponto de vista prático da modelagem e do ponto de vista físico do projeto.

É comum encontrarmos citações de que relacionamentos ternários são figuras inócuas, pois podem sempre serem transformados em relacionamentos binários. Não compartilho dessa análise, haja vista a não aplicação a todos os casos e o pouco ganho obtido com essa simplificação quando a mesma não é compatível com o contexto analisado.

Conceitualmente, uma agregação é uma figura do DER que representa uma estrutura que denota a existência de uma junção de objetos através de um relacionamento, e que permite que essa junção seja percebida como um novo objeto a ser, por sua vez, relacionado a outros objetos do contexto.

A agregação é uma figura que surge em função de uma restrição imposta pelos DER: relacionamentos são associações entre objetos de conjuntos do tipo entidade. Isto significa que, se quisermos associar objetos de um conjunto de entidades com objetos de um conjunto de relacionamentos, teremos que criar uma nova figura, haja vista que esta associação entidade--relacionamento não é permitida pelas regras de construção do DER.

Sendo assim, o uso da agregação é útil principalmente em situações quando precisamos relacionar objetos de um conjunto de relacionamentos com objetos de uma entidade. Esse caso pode surgir principalmente nas seguintes situações:

- uma relação ternária exige a existência de uma relação binária anterior entre 2 de seus 3 objetos;

- podemos (se for possível) transformar relações ternárias em relações binárias menores.

Antes de analisarmos a aplicação da agregação para cada uma das duas situações, vamos ver a representação gráfica a ser utilizada para a figura da agregação.

Vamos supor um relacionamento binário do tipo Muitos:Muitos entre as entidades (A) e (B), conforme os exemplificados nas Figuras 6.13 e 6.14. De acordo com as Figuras, (R) é um conjunto de objetos do tipo relacionamentos formado pelas seguintes associações: **[r1(a1xb1), r2(a1xb2)..., r8(a3xb1)]** (conforme visto na definição de relacionamentos).

Caso seja necessário associar um objeto qualquer desse conjunto de objetos (R) com um objeto de outro conjunto qualquer (conjunto (C) por exemplo), estaremos diante de uma situação em que precisamos associar um objeto do tipo relacionamento com um objeto do tipo entidade.

Usando inicialmente a notação básica de relacionamento, essa situação seria representada (erroneamente) conforme a Figura 9.01:

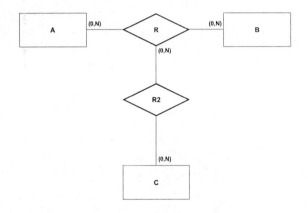

Figura 9.01: Associação errônea entre relacionamento entidade

No exemplo, R2 é uma associação ou relacionamento entre o conjunto entidade (C) com o conjunto relacionamento (R).

Entretanto, como a associação de um relacionamento com uma entidade não é permitida, é necessária a criação de nova figura. Essa nova figura (**agregação**), busca tratar (R), em relação à entidade (C), através do relacionamento (R2), como um conjunto de objetos do tipo entidade, e não mais como um relacionamento.

Não se trata em absoluto de uma forma de criar forçosamente um objeto artificial, mas trata-se da simples utilização do conceito de entidade (conjunto de objetos de qualquer natureza) visto em capítulo anterior. Sendo assim, um conjunto de objetos do tipo relacionamento, se necessário for, pode ser visto sob a ótica de uma entidade.

Definido isso, falta representar essa nova figura da agregação. Existem duas formas básicas de representar uma agregação, conforme exposto nas Figuras 9.02 e 9.03:

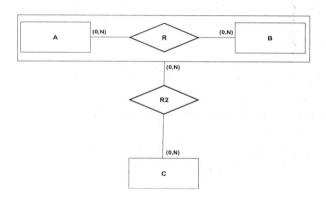

Figura 9.02: Representação gráfica de uma agregação.

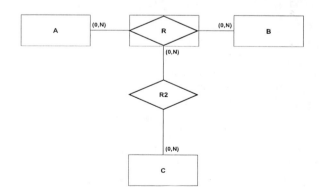

Figura 9.03: Representação gráfica de uma agregação.

Por pura preferência adotaremos a notação exposta na Figura 9.03.

Sobre essa representação, algumas observações são relevantes. Inicialmente deve ficar claro que não se trata de um relacionamento ternário.

A Figura expõe dois relacionamentos (R) e (R2), cada um deles envolvendo 2(duas) entidades: [R(a x b) e R2(r x c)]. Do ponto de visa (A) x (B), (R) é um relacionamento. Por outro lado, em relação à (R2), (R) é uma entidade que integra o relacionamento junto com a entidade (C). A simbologia que caracteriza (R) como relacionamento é a mesma de qualquer outro relacionamento: o losango. A simbologia que caracteriza (R) como uma entidade é o retângulo. Sobrepostos, formam a figura da agregação que permite que (R) possa ser vista ora com relacionamento e ora como entidade. Ainda é importante observar a representação das cardinalidades que é feita junto às entidades que formam o relacionamento, lembrando que não necessariamente serão sempre (0,N) conforme o exemplo da Figura 9.03.

Voltando às duas situações de aplicação da agregação, vamos analisar primeiro quanto à exigência de uma relação binária anterior para um relacionamento ternário e na sequência quanto à transformação de relações ternárias em relações binárias menores.

9.2 Agregação: uso na exigência de relações binárias anteriores

Existem situações de informações que são de ordem ternária (envolvem 3 objetos) que podem exigir que 2 dos seus 3 objetos tenham uma relação binária entre eles, anterior a formação da relação ternária.

Para exemplificar e tratar dessa aplicação da agregação vamos utilizar o exercício 14 e a sua solução. No caso, tínhamos o seguinte contexto:

> *Suponha que em uma empresa funcionários trabalham em projetos, e em cada projeto um funcionário pode exercer determinadas funções de acordo com as seguintes regras:*
> *Funcionários exercem diferentes Funções em diversos Projetos.*
> *Um Funcionário pode exercer em um mesmo Projeto diferentes Funções.*
> *Em um Projeto podemos ter a mesma Função sendo exercida por diferentes Funcionários.*
> *Um Funcionário pode exercer a mesma Função em diferentes Projetos.*

Como solução, propusemos a seguinte construção:

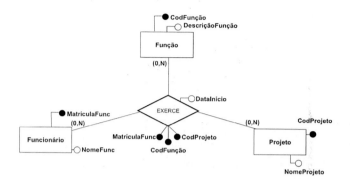

Figura 9.04: Solução do exercício 14

Na solução, "Exerce" é um relacionamento ternário [função x projeto x funcionário] que define que um funcionário pode exercer função em projeto.

Analisando o contexto, em nenhum momento foi exposto alguma exigência quanto a relações binárias entre 2 quaisquer dos objetos integrantes do relacionamento em pauta. Entretanto, podíamos ter um contexto em que essa situação fosse obrigatória. Sobre esse caso, vamos supor que para o exercício de uma função em um projeto, o funcionário precisasse <u>obrigatoriamente</u> estar alocado ao referido projeto.

Essa simples exigência requer uma análise diferente do relacionamento "Exerce". Como exposto na Figura 9.04, nada impede que um funcionário do conjunto "FUNCIONÁRIO" esteja associado através da relação "Exerce" com um projeto e função sem que esse funcionário esteja efetivamente alocado ao citado projeto da relação "Exerce".

Sendo assim, para que fique exposta essa restrição ou condição anterior de relacionamento de "Alocação" entre funcionário e projeto, precisaremos associar inicialmente funcionário ao projeto (criando o relacionamento "Alocação") e, para cada instância de "Alocação" permitir que se associe uma ou mais funções. Trata-se exatamente de uma situação em que uma instância de um relacionamento ("Alocação") precisa ser relacionada com instâncias de uma entidade ("FUNÇÃO").

Como solução, a Figura 9.05 utiliza o recurso da agregação e consegue representar a situação exposta.

128 • Modelagem Lógica de Dados: construção básica e simplificada

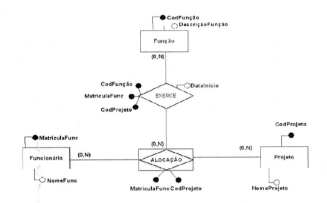

Figura 9.05: Uso da agregação por necessidade de relacionamento binário anterior.

Analisando a Figura, temos agora 2 relacionamentos binários: "Alocação" [Funcionário-Projeto] e "Exerce" [Função-Alocação].

É possível observar que o atributo-chave do relacionamento "Exerce" é o mesmo da solução sem utilização da agregação, o que, provavelmente, implicará em uma solução física igual. Contudo, mesmo que tenhamos uma eventual solução física igual, é importante salientar que o modelo lógico aqui exposto deixa bem claro o seguinte: para que um funcionário exerça uma função em um projeto é imperativo que o mesmo esteja alocado ao referido projeto, fato que não era demonstrado pela solução que adotava diretamente o relacionamento ternário.

Dessa forma, frisamos mais uma vez que cada solução depende exatamente do contexto que está sendo modelado, o que não permite a aplicação de "receitas de bolo". Neste caso, essa restrição de haver necessidade ou não do funcionário estar alocado é fundamental para o correto modelo a ser construído e consequentemente para o futuro projeto físico a ser implementado.

9.3 Agregação: para transformar (se possível) relações ternárias em binárias

Outra situação que permite a utilização da agregação como figura de modelagem é a de transformação de relações ternárias em relações binárias menores.

Inicialmente, é preciso saber que nem todo relacionamento ternário pode ser transformado ou reduzido a relações binárias menores. Para melhor análise, tente reduzir, após esse item, o relacionamento ternário Um:Um:Muitos exposto anteriormente e analise cuidadosamente quais eventuais distorções estariam sendo provocadas.

Sendo possível esta transformação, a figura da agregação mostra-se bastante útil.

Vamos usar o exemplo abaixo (já exposto para relacionamentos ternários Um:Muitos:Muitos) para análise dessa transformação.

Lembrando o contexto, exemplificamos a seguinte situação:

- *"Em um projeto podemos ter vários tipos de equipamentos fornecidos por diversos fornecedores"*

- *"Dado um fornecedor, ele pode fornecer em um mesmo projeto, diversos tipos de equipamentos"*

- *"Dado um fornecedor, ele pode fornecer um mesmo tipo de equipamento para diversos projetos"*

- *"Um tipo de equipamento, quando fornecido para um determinado projeto, somente pode ser fornecido para este projeto por um único fornecedor"*.

Como solução, obtivemos a seguinte solução:

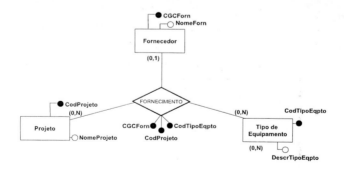

Figura 9.06: Relacionamento Ternário para o evento FORNECIMENTO (um:muitos:muitos)

Nesse caso, podemos ter a seguinte "transformação" do relacionamento ternário "Fornecimento" em dois relacionamentos binários da seguinte forma:

130 • Modelagem Lógica de Dados: construção básica e simplificada

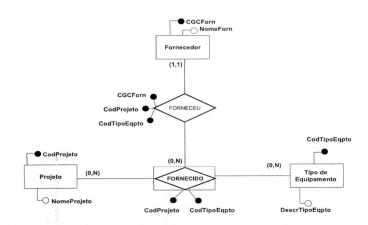

Figura 9.07: Solução com Agregação transformando um relacionamento ternário em relacionamentos binários

Nesse caso, o relacionamento ternário "Fornecimento" [projeto-tipodeequipamento-fornecedor] foi substituído por 2 (dois) relacionamentos binários: "Fornecido" [projeto-tipodeequipamento], que indica quais tipos de equipamentos foram fornecidos em cada um dos projetos; e "Forneceu" [fornecedor-projeto-tipodeequipamento], que indica qual fornecedor forneceu um determinado tipo de equipamento para um determinado projeto.

Observe que uma instância de "FORNECIDO" [par projeto-tipodeequipamento] associa-se a um único "FORNECEDOR" e obrigatoriamente (1,1).

Nesse caso, a não obrigatoriedade anterior dava-se porque um projeto qualquer com um tipo de equipamento qualquer poderiam (o par) não ter nenhuma relação de fornecimento, portanto nenhum fornecedor associado ao par. Já aqui, como o relacionamento "FORNECIDO" indica fornecimentos acontecidos entre Projeto e Tipo de Equipamento, é imperativo que cada uma destas instâncias de "FORNECIDO" tenham como origem do fornecimento um "FORNECEDOR".

De forma análoga a situação anterior, é possível observarmos que o relacionamento "Forneceu" possui o mesmo atributo-chave da solução com o relacionamento ternário "Fornecimento", o que implicará, provavelmente, em uma solução física idêntica para esse relacionamento, acrescentando-se obviamente a solução física para o relacionamento "Fornecido".

Dessa forma, onde tínhamos anteriormente um relacionamento ternário, temos agora dois binários, sem afetar as condições expostas pelo contexto.

Entretanto, nem sempre será possível utilizarmos o recurso da agregação para transformar um relacionamento ternário em relacionamentos binários menores, sob pena de ferirmos regras do contexto analisado, conforme item seguinte.

9.4 Agregação: uso indevido para transformar relações ternárias em binárias

Como citado, nem sempre é possível uma transformação de relacionamentos ternários em relacionamentos binários totalmente isenta de erros.

Para esta análise vamos utilizar o caso dos estagiários, projetos e supervisores adotado no já visto relacionamento ternário Um:Um:Muitos.

Repetindo o contexto, temos:

> Em uma empresa, Estagiários trabalham em Projetos sob a supervisão de Instrutores, sob as seguintes condições:
> – Um Estagiário em um Projeto pode ter apenas um Instrutor
> – Um Instrutor em um Projeto pode supervisionar vários Estagiários
> – Um Instrutor não pode supervisionar um mesmo Estagiário em mais de um Projeto.

Como solução foi desenhado o seguinte diagrama:

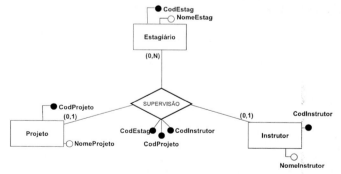

Figura 9.08: Relacionamento Ternário para o evento SUPERVISÃO (um:um:muitos) sem agregação

Fazendo a leitura do DER temos:
- "Um estagiário pode ser supervisionado em um mesmo projeto por um único instrutor"
- "Um estagiário pode ser supervisionado pelo mesmo instrutor em um único projeto"
- "Um instrutor pode supervisionar em um mesmo projeto vários estagiários".

Se fizermos o uso da agregação para transformação do relacionamento ternário em relacionamentos binários menores, podemos ter diferentes soluções. Vamos partir de uma delas e estender as observações para as demais.

Sendo assim, na sequência temos uma possível solução com uso da agregação:

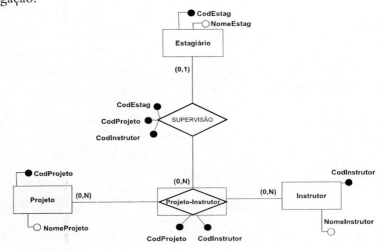

Figura 9.09: Relacionamento Ternário para o evento SUPERVISÃO (um:um:muitos) com agregação INDEVIDA

Analisando a Figura 9.09, o relacionamento "Projeto-Instrutor" mostra, conforme contexto, que um mesmo instrutor pode atuar em vários projetos (de fato não há restrição nesse sentido).

Ao associar esse relacionamento com a entidade "ESTAGIÁRIO", através do relacionamento "Supervisão", indicamos as cardinalidades (0,1) no sentido Estagiário e (0,N) no sentido Projeto-Instrutor.

Colocando dessa forma, estamos ferindo a seguinte regra ou restrição do contexto: **"Um estagiário pode ser supervisionado pelo mesmo instrutor em um único projeto"**.

Observe que nada impede que um estagiário esteja associada a vários pares "Projeto-Instrutor", o que de fato é permitido pelo contexto (cardinalidade (0,N) no sentido projeto-instrutor).

Porém, a restrição de que pelo mesmo instrutor o estagiário só pode estar associado a um Projeto é esquecida, ou ferida, transformando a solução em uma solução errada. Se colocarmos ao invés da cardinalidade (0,N) a cardinalidade (0,1), estaremos impedindo que um mesmo estagiário se associe a vários pares "projeto-instrutor", impondo uma restrição que não existe no contexto. Em suma, uma solução provoca um erro e a outra provoca outro erro, mas diferente do primeiro.

Seguindo com a análise, vamos supor que a agregação "Projeto-Estagiário" tenha sido feita (e não mais "Projeto-Instrutor"). Neste caso, ao associarmos um par de "Projeto-Estagiário" teremos:

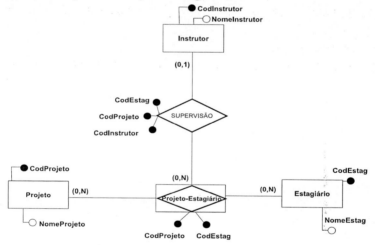

Figura 9.10: Relacionamento Ternário para o evento SUPERVISÃO (um:um:muitos) com agregação INDEVIDA

Ao associar a entidade "PROJETO-ESTAGIÁRIO" com a entidade "ESTAGIÁRIO", através do relacionamento "Supervisão", indicamos as cardinalidades (0,1) no sentido Instrutor e (0,N) no sentido Projeto-Estagiário.

Observe que nada impede que um Instrutor esteja associado a vários pares Projeto-Estagiário, o que de fato é permitido pelo contexto (cardinalidade (0,N) no sentido projeto-estagiário). Porém, a restrição **"Um estagiário pode ser supervisionado pelo mesmo instrutor em um único projeto"** é ferida, transformando a solução em uma solução errada. Se substituirmos a cardinalidade (0,N) pela cardinalidade (0,1) junto ao par "projeto-estagiário", estaremos impedindo que um mesmo instrutor se associe a vários pares projeto-estagiário, impondo uma restrição também não existente.

Como última tentativa, vamos construir a agregação entre estagiário e instrutor, conforme Figura seguir:

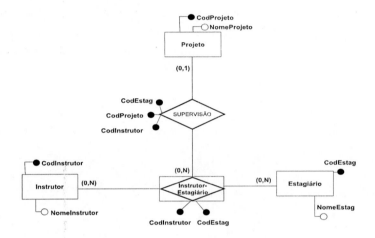

Figura 9.11: Relacionamento Ternário para o evento SUPERVISÃO (um:um:muitos) com agregação INDEVIDA

Nesse caso, a regra do contexto que não está sendo cumprida é a seguinte *"Um Estagiário em um Projeto pode ter apenas um Instrutor"*. Observe que, pelo modelo, nada impede que um mesmo estagiário em um mesmo projeto esteja associado a mais de um instrutor, haja vista não existir restrição exposta.

Na verdade, qualquer que seja a agregação adotada (Projeto-Instrutor; Projeto-Estagiário; ou Estagiário-Instrutor), todas elas terão como cardinalidade uma relação binária muitos:muitos e sempre teremos alguma regra de restrição sendo ferida.

Dessa forma, temos um caso onde tipicamente não se aplica o uso do recurso da agregação no sentido de reduzir relacionamentos ternários para relacionamentos binários menores.

Capítulo 9 Agregação • 135

9.5 Exercícios

9.5.1 Exercício 18: Utilizando relacionamento ternário

Objetivo: Identificar situação para uso do relacionamento ternário sem agregação

Contexto:
Em uma empresa, empregados são alocados em projetos. Independentemente dessa alocação, empregados podem utilizar materiais em qualquer projeto, bastando que tenha feito algum tipo de trabalho no projeto.

Essa empresa precisa gerenciar todo o tipo de material utilizado por esse empregado nos projetos em que o mesmo fez algum tipo de trabalho.

A empresa quer gerenciar essa utilização de material a partir de um relatório que demonstre: nome do empregado, identificação do projeto, nome do projeto, descrição de cada um dos materiais consumidos, unidade de medida de cada material consumido e a quantidade de cada material consumido por cada empregado em cada um dos projetos.

Com base nessa informação, elabore o modelo de dados que melhor represente esta situação e que seja capaz de produzir o relatório solicitado.

9.5.2 Exercício 19: Utilizando agregação

Objetivo: Identificar situação para uso da agregação e fixar forma de representação

Contexto
Refaça o modelo do exercício anterior, levando em consideração as seguintes modificações: "um empregado pode utilizar materiais em qualquer projeto, desde que o mesmo esteja previamente alocado ao projeto. Em outros termos, somente é permitida a utilização de materiais por empregados em projetos aos quais ele esteja alocado".

9.6 Soluções dos exercícios

9.6.1 Solução do exercício 18

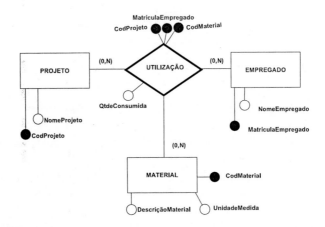

Considerações:

De acordo com o enunciado do exercício, o uso de materiais por empregados é independente dele estar ou não alocado ao projeto, ou seja, ele pode usar materiais, e esse fato deve ser registrado, mas não estar alocado ao projeto no qual uso o material. Caso não houvesse necessidade de descriminar o uso, pelo empregado, de cada material por projeto, a solução seria dada através da construção de um relacionamento direto entre material e empregado. Porém, exige-se a informação detalhada, de tal forma que cada evento utilização seja um fato a respeito de empregado, material e projeto, caracterizando o relacionamento ternário.

9.6.2 Solução do exercício 19

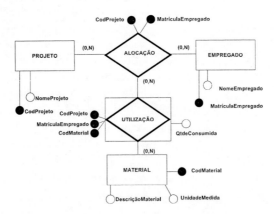

Capítulo 9 Agregação • 137

A diferença fundamental da solução do exercício 19 em relação ao exercício 18 está na restrição imposta de que só é possível a "UTILIZAÇÃO" de material em um projeto por um empregado a partir da condição inicial de que esse empregado esteja alocado ao projeto.

Sendo assim, um par Empregado–Projeto estará contido no conjunto "UTILIZAÇÃO" desde que o mesmo esteja previamente inserido no conjunto "Alocação".

Esse fato não é exigido no enunciado do exercício 18, motivo pelo qual as soluções lógicas impostas são distintas.

É fato que fisicamente "UTILIZAÇÃO" poderá ser implementado de forma análoga em ambas as situações, desde que a restrição seja cumprida no contexto do exercício 19.

É um evento típico em que a agregação pode ser utilizada com muita propriedade.

Modelando Eventos Históricos

Um aspecto muito importante na construção de modelos de dados é a representação dos eventos associados ao fator tempo, isto é, fatos que são caracterizados distintamente uns dos outros por fatores diversos (atributos de caracterização) e também pelo fator temporal.

O fator tempo pode ser manifestado de diversas formas: por uma data, hora, ano, ano/semestre, mês e outros indicativos.

Existem diferentes notações, algumas simples e outras mais complexas, que são utilizadas para registro do fator tempo como diferenciador de fatos. São notações que buscam definições que possam abranger uma maior gama de situações distintas.

Sendo assim, partiremos para uma notação baseada nas mesmas figuras de representação vistas até o momento, usando como princípio básico o fato de que um aspecto temporal é um objeto em si e que pode ser caracterizado por um atributo único. Para melhor compreensão, podemos utilizar como exemplo uma data, onde cada data é uma entidade (objeto de natureza qualquer) e um conjunto de datas é o nosso conjunto de entidades. Nesse caso, cada elemento desse conjunto pode ser caracterizado por um único atributo: data (valor), conforme Figura a seguir.

Figura 10.01: Uma entidade DATA representando o conjunto de todas as datas possíveis.

Dessa forma, cada objeto do conjunto DATA é caracterizado de forma unívoca por um atributo (data), capaz de diferenciar uma data da outra. De forma análoga podemos representa um mês, um ano, uma hora e qualquer outro elemento temporal desejado.

Sendo assim, pelo princípio aqui adotado, qualquer fator temporal poderá ser caracterizado por um atributo que por sua vez o identifica univocamente.

10.1 Representando um fator temporal como caracterizador de um objeto

Como forma de deixar claro o princípio e a notação aqui adotados, vamos trabalhar com o seguinte exemplo: "Em uma empresa, um funcionário utiliza equipamentos. Em um mesmo dia o funcionário pode utilizar vários equipamentos. Por restrição, cada equipamento somente pode ser utilizado, em um mesmo dia, por um único funcionário. A empresa deseja registrar esses eventos de utilização, de tal forma que ela saiba todos os fatos de uso de equipamentos por funcionário, a data em que cada fato ocorreu, a hora em que o funcionário pegou o equipamento e a hora em que ele o devolveu."

Inicialmente vamos modelar a relação entre funcionário e equipamento sem uso de fator determinante histórico.

Figura 10.02: Relacionamento Utilização (Funcionário-Equipamento)

A representação da Figura 10.02 utilizando relacionamento Um:Muitos é capaz apenas de informar as utilizações Funcionário-Equipamento feito em um único dia (por exemplo), fugindo ao desejo de informação exposto no exemplo, que é registrar todos os eventos de utilização entre as duas entidades.

Como a informação requerida é obtida a partir do registro de todas as utilizações feitas (ao longo do tempo 1 funcionário pode utilizar vários equipamentos e, por sua vez, 1 equipamento pode ser utilizado por vários funcionários), não temos na verdade um relacionamento um:muitos, mas na verdade um relacionamento muitos:muitos, conforme demonstrado na Figura 10.03.

Capítulo 10 Modelando Eventos Históricos ▪ 141

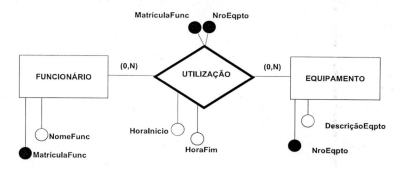

Figura 10.03: Relacionamento Utilização (Funcionário-Equipamento)

Com a alteração da cardinalidade feita na Figura 10.03, é possível a utilização do mesmo equipamento por mais de um funcionário, fato que deve acontecer ao longo do tempo. Sendo um relacionamento N:N (muitos:muitos), optamos pela representação do atributo-chave, seguindo a notação até o momento adotada.

O que se pode analisar, entretanto, é que ao longo do tempo, em datas diferentes, o mesmo equipamento pode ser utilizado pelo mesmo funcionário. Como exemplo, vamos analisar o quadro 05 que expõe fatos de utilização de equipamentos por funcionários de forma hipotética.

Matrícula do funcionário	Número do equipamento	Data da utilização
M1	EA	02/10/2009
M1	EB	02/10/2009
M1	EA	05/10/2009
M2	EA	02/10/2009
....	.....	.....

quadro 05: *Eventos de utilização de equipamentos por funcionário – situação exemplo*

Ao analisar o quadro, é possível identificar que a relação M1-EA se dá em mais de uma ocasião, o que contraria a definição do par de atributos *"MatrículaFunc+NroEqpto"* como atributo chave da relação, haja vista a possibilidade de repetição do mesmo atributo-chave para duas situações distintas (ocorreram em datas diferentes). Logo, o relacionamento binário muitos:muitos representado na Figura 10.03 não contempla, tal como a representação da Figura 10.02, a solução do contexto apresentado como exemplo.

Sendo assim, cada evento Utilização pode ser definido por um relacionamento ternário entre "Funcionário-Equipamento-DataDeUso". Nesse caso, o terceiro elemento ("DataDeUso") nada mais é do que uma data qualquer, que será representada por um conjunto de datas identificadas univocamente pelo próprio valor da data, conforme Figura 10.04.

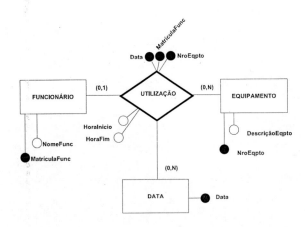

Figura 10.04: Relacionamento Utilização (Funcionário-Equipamento) com conceito de aspecto temporal

De acordo com a Figura, cada evento "Utilização" é definido pela associação ternária dos elementos: "FUNCIONÁRIO-EQUIPAMENTO--DATA".

Ressalta-se ainda a cardinalidade adotada, onde para um mesmo equipamento em uma mesma data, apena 1(um) único funcionário pode utilizá--lo. No caso da entidade "DATA", a mesma poderia ter outros atributos, como, por exemplo, se a data é ou não um dia útil.

Com essa representação, podemos afirmar que para cada objeto integrante do conjunto "Utilização" não teremos mais do que um objeto com o mesmo atributo chave definido e representado na Figura 10.04.

Complementarmente, poderíamos ter uma situação um pouco mais complexa, sem a restrição de que um equipamento em uma mesma data somente poderia ser utilizado por um único funcionário. Neste caso, não temos mais a cardinalidade da Figura 10.04 (um:muitos:muitos) e passaríamos a ter uma cardinalidade (muitos:muitos:muitos). Nesse caso, é suposto que ao longo de uma mesma data um mesmo equipamento poderá ser emprestado por mais de uma vez, pelo mesmo funcionário ou por outro funcionário qualquer.

A princípio podemos pensar em uma solução simples e direta, que seria mudar a cardinalidade que aponta 1(um) em funcionário e trocá-la para N(muitos). Se isto for feito, não teremos como distinguir um evento "utilização" feito pelo mesmo "funcionário", na mesma "data" e sobre o mesmo equipamento que ocorreram, por exemplo, em momentos diferentes do mesmo dia (vamos supor que ele usou o equipamento às 7 horas da manhã e, após devolver, voltou a usar às 15 horas.

Nesse caso, cada evento "Utilização" passa a ser marcado sob a ótica temporal não apenas pela data, mas também pela hora em que se efetivou o evento. Sendo assim, o fator temporal presente e definidor do evento deixou de ser apenas a data e passou a ser a data e hora.

Usando do mesmo princípio adotado e de um critério de simplificação da representação, essa nova situação poderia ser assim modelada, conforme Figura 10.05:

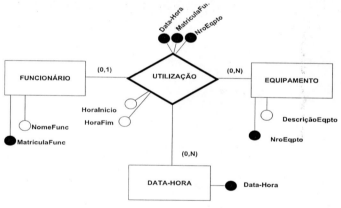

Figura 10.05: Relacionamento Utilização (Funcionário-Equipamento) com conceito de aspecto temporal data-hora

Esses dois exemplos concatenados servem apenas para exemplificar que determinados fatos podem ser diferenciados por componente temporal e que, independente de qual seja esse componente (ano, mês, semestre, data, hora ou outro) podemos utilizar de maneira simplificada os mesmos conceitos de entidades e relacionamentos para caracterizar o aspecto temporal envolvido.

Tal qual visto nos relacionamentos ternários, é possível transformarmos os dois relacionamentos ternários aqui representados em relacionamentos binários, desde que sejam feitas as devidas análises no intuito de não se ferir nenhuma regra do contexto analisado.

10.2 Exercício 20: Caracterizando evento temporal

Objetivo: Identificar situação para uso da representação de aspecto temporal.

Contexto

Um aluno pode fazer a mesma disciplina da sua faculdade mais de uma vez, sendo semestral a realização da mesma. Se ele for reprovado na primeira vez, poderá voltar a fazer no próximo semestre. Reprovando novamente poderá refazer no outro semestre do próximo ano e assim por diante. A cada vez que ele faz a disciplina, registra-se, além do código da disciplina cursada e da matrícula do aluno, o ano/semestre que ele fez e: a nota final, o total de faltas e a situação final (aprovado ou reprovado). Sendo esse um contexto escolar de nível superior, semestralmente a coordenação do curso lista todos os dados de todos os alunos e suas notas e situações em cada disciplina. Para esse pequeno contexto, represente o fator temporal presente.

10.3 Solução do exercício 20

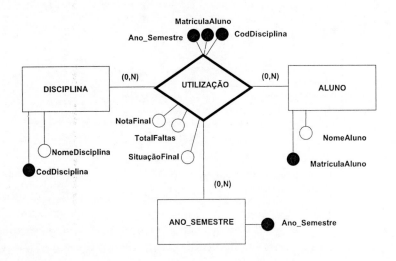

O aspecto temporal presente é o "AnoSemestre" (como 2010/1 ou 2010/2, por exemplo, como se estes números representassem o primeiro e o segundo semestres do ano de 2010 respectivamente).

A mesma disciplina poderá ser registrada para o mesmo aluno tantas quantas forem as vezes em que o mesmo cursou a referida disciplina, em tanto semestres de anos passados.

Fisicamente parece claro que não há a menor necessidade de criação de objeto físico para representar AnoSemestre, mas sob análise lógica, "AnoSemestre" é um objeto relevante no contexto, caracterizado por um valor de ano e valor de semestre que diferencia um "AnoSemestre" de outro.

11

Normalização

A construção de modelos de dados constitui passo importante para o projeto de bancos de dados estáveis, que estejam menos sujeitos às modificações impostas pelas mudanças naturais dos ambientes organizacionais e dos negócios. Na busca dessa estabilidade o conceito de normalização de dados é utilizado como instrumento de base para a construção de modelos de dados relacionais e também como instrumento de verificação desta construção.

A construção de modelos de dados para bancos de dados relacionais tem como objetivo a geração de esquemas de relações que permitam armazenar dados sem redundância desnecessária, que permitam fácil recuperação de informações e ao mesmo tempo sejam capazes de representar todas as informações possíveis e necessárias (Korth, 2006).

As denominadas regras de normalização ou conjunto de regras formais foram criadas no intuito de balizar a construção dos modelos e verificar esta construção. Dessa forma elas podem e devem ser utilizadas como ferramentas para o processo de construção e para a atividade de validação dos modelos construídos.

A definição e uso das formas normais estão associados aos conceitos de álgebra relacional, cujo assunto convém que seja estudado por aqueles que iniciam no campo teórico e prático da construção de bancos de dados.

11.1 Conceito e aplicação

Segundo Heuser (2001), uma forma normal é uma regra que deve ser obedecida por uma relação para que essa seja considerada "bem projetada". Existem várias formas normais, contudo três delas são consideradas essenciais para a construção de um bom projeto de banco de dados.

De maneira abrangente, podemos definir as regras de normalização como sendo uma formalização dos bons princípios para o projeto de bancos de dados ou ainda como regras de conduta na definição de registros em um projeto de banco de dados.

Como evento, a normalização consiste em um processo de refinamento de um projeto de banco de dados, buscando eliminação de anomalias.

Essas anomalias são principalmente aquelas associadas à inserção, exclusão e alteração. Usando parcialmente o objetivo exemplo citado por Melo e

Tanaka (1998), suponha uma linha de dados que caracterizem um Paciente em um hospital e que tenha a seguinte composição:

Paciente [IdPaciente, NomePac, EndPac, SexoPac, SiglaConvênio, NomeConv, EndConv e FoneConv].

Essa estrutura de informação permite de forma rápida uma análise de possibilidade de ocorrência das seguintes anomalias (Melo,1998):

Anomalia de Inclusão: sendo necessária a inclusão de um novo paciente, além dos dados dele, será necessário informar os dados do convênio desse paciente (caso possua), mesmo que os dados desse convênio já estejam inseridos em outra linha de dados de outro paciente. Isso poderia causar redundância de dados sobre convênio ou mesmo a não possibilidade de obtenção de informação sobre um determinado convênio enquanto o mesmo não tiver paciente a ele associado.

Anomalia de Exclusão: podemos supor a existência de um único paciente associado a um convênio em um determinado momento. Havendo necessidade de exclusão desse paciente, os dados referentes ao convênio também serão excluídos do conjunto de informações, perdendo-se a informação necessária a respeito do convênio em questão.

Anomalia de Alteração: a modificação do telefone do convênio, por exemplo, implicará necessariamente na modificação de todas as linhas de dados de paciente, haja vista que para cada paciente associado ao convênio em questão teremos a necessidade de modificar os dados referentes ao convênio. Supondo uma alteração parcial, ou seja, em parte das linhas de pacientes, chegaremos a uma situação de inconsistência, com o mesmo convênio tendo dois valores distintos para telefone (isso para o exemplo dado).

Essas anomalias exemplificadas caracterizam alguns dos problemas que podem surgir a partir da construção de um modelo não normalizado. Existem outras situações que dizem respeito principalmente aos relacionamentos ternários e que podem implicar em anomalias de construção dos bancos de dados. Sendo assim, a utilização dessas regras formais pode colaborar para a construção de um modelo mais estável.

11.2 Primeira Forma Normal

A primeira forma normal ou 1FN como é comumente denominada é a mais simples e serve como base para as demais. De maneira objetiva e simplificada, dizemos que uma relação (tabela) está na primeira forma normal se todos os seus atributos possuem valores atômicos, isto é, consistem apenas de valores escalares (não vetoriais). A 1FN lida com o formato das linhas de uma relação.

A melhor forma de análise das formas normais é feita a partir de situações exemplo. Nesse sentido, suponha o seguinte cenário:

"Em uma universidade as disciplinas lecionadas obedecem às seguintes regras e características: cada disciplina é caracterizada por um código e nome, e permite-se que uma mesma disciplina seja lecionada por mais de um professor, sendo esse inicialmente caracterizado por uma matrícula qualquer."

Suponha, nesse momento, que para essa disciplina foi feita a seguinte construção:

Disciplina [CodDisciplina, NomeDisc, MatrículaProfessor].

Observando essa construção e o cenário descrito, podemos ter como situação exemplo o quadro descrito a seguir:

CodDisciplina	NomeDisciplina	MatrículaDoProfessor
D1	Disciplina Um	M1, M2, M3
D2	Disciplina Dois	M1, M2, M7
D3	Disciplina Três	M7, M8
D4	Disciplina Quatro	M2, M5
....	.....	.....

quadro 06: Situação exemplo que fere a primeira forma normal

Sobre essa suposta construção, vamos aplicar a primeira regra de análise de forma normal ou simplesmente primeira regra de normalização. Por essa regra, atributos devem possuir valores atômicos. No exemplo do quadro 06, o atributo *"MatrículaDoProfessor"* admite vários valores, procurando atender ao cenário descrito, mas ferindo diretamente a primeira regra de normalização.

150 • Modelagem Lógica de Dados: construção básica e simplificada

Dessa forma, a construção em pauta, sob a ótica de modelos baseados em relacionamentos, deve ser desmembrada em construções menores, no caso duas, conforme quadro seguinte:

CodDisc	NomeDisc
D1	Disciplina Um
D2	Disciplina Dois
D3	Disciplina Três
D4	Disciplina Quatro
...	...

CodDisc	MatrículaDo-Professor
D1	M1
D1	M2
D1	M3
D2	M1
D2	M2
D2	M7
D3	M7
D3	M8
D4	M2
D4	M5
...	...

quadro 07: Desmembramento de uma relação em 2 relações para não ferir a primeira regra de normalização

Com essas duas construções, somos capazes de representar as características de cada disciplina em uma tabela (código e nome) e associar cada uma delas com os professores que as lecionam, através de sucessivas linhas, uma para cada par disciplina-professor (código e matrícula).

É importante observar que usando todos os conceitos vistos até o capítulo anterior, naturalmente e intuitivamente chegaremos a uma construção já normalizada na primeira forma, isto é, sem utilização de valores não atômicos em relações entre entidades. Dessa forma, reforça-se o conceito de que regras de normalização são elementos de condução da construção dos modelos e também elementos úteis para validação das construções adotadas.

Sendo assim, não ferir as regras de normalização, em especial as três formas iniciais (1FN, 2FN e 3FN), é o caminho natural do processo de construção de modelos de dados baseados em entidades e relacionamentos.

11.3 Segunda Forma Normal

A segunda forma normal trata da dependência entre atributos-chave e atributos normais (não chave). Essa forma normal é aplicada para situações em que temos construções com atributo-chave composto. Logo, é relevante apenas para esses casos e sem aplicação para relações com atributo-chave não composto. Atributo-chave composto é uma situação que se aplica especialmente quando temos relacionamentos binários Muitos:Muitos ou nos casos de relacionamentos ternários ou de maior ordem.

De acordo com Melo (1988), uma relação está na segunda forma normal se, e somente se, estiver em primeira forma normal e todo atributo não-chave for totalmente dependente do atributo-chave ou chave primária.

De maneira objetiva, dizemos que uma relação está na segunda forma normal quando, ao possuir um atributo-chave composto, todos os seus atributos que não se incluem nesta composição são definidos como dependentes funcionais da composição como um todo do atributo-chave.

Em outros termos, pode-se dizer que um atributo não chave deve representar um fato acerca do atributo-chave e de todo ele.

Por essa definição, é possível afirmar que se uma relação está na 1FN e não tem atributo-chave composto, esta relação já está na segunda forma normal.

Um exemplo de aplicação da regra 2FN seria em um contexto com as seguintes características:

"Uma empresa possui vários depósitos para armazenamento de peças, localizados estes depósitos em diferentes locais ou endereços, sendo necessário saber-se a quantidade de peças estocada em cada depósito e o endereço de cada depósito".

Supondo que para a solução desse pequeno contexto tivesse sido criada a seguinte construção:

Estoque [CodPeça, CodDepósito, QtdeEstocada, EndereçoDepósito].

Considerando que para a solução dada o par de atributos [CodPeça + CodDepósito] define um atributo-chave composto para a relação "ESTOQUE", temos uma situação de necessidade de observância da segunda forma normal.

Analisando a relação construída e denominada "ESTOQUE", é correta

152 • Modelagem Lógica de Dados: construção básica e simplificada

a afirmação de que a quantidade estocada de cada peça em cada depósito (*QtdeEstocada*) é um fato que depende da identificação de ambos os elementos: Peça e Depósito. Em outros termos, só podemos informar quanto existe em estoque de uma peça em um determinado depósito se conhecermos antecipadamente a que peça e depósito nos referenciamos.

Observe que se sabemos tratar-se da peça "P", a quantidade em estoque por depósito requer a indicação do código do depósito ao qual nos referimos. Nesse caso, afirma-se que *QtdeEstocada* é um atributo não chave cujo valor diz respeito ao atributo-chave composto [CodPeça + CodDepósito].

Por outro lado, o endereço do depósito pode ser identificado se soubermos a que depósito nos referenciamos, independe de peça, ou seja, o endereço do depósito não varia em função de quais e quantas peças existem no mesmo, mas tão somente em razão do depósito em si. Nesse caso, o endereço do depósito é um atributo acerca de parte do atributo-chave composto, ferindo a definição do que é correto pela segunda forma normal.

Para melhor ilustrar podemos supor a seguinte situação exemplo com base na construção inicial:

CodPeça	CodDepósito	QtdeEstocada	EndereçoDepósito
Pç1	D1	100	Rua Araucária, 22
Pç1	D2	121	Rua Coqueiro, 51
Pç2	D1	99	Rua Araucária, 22
...	...	...	...
....	.....	.....	.....

quadro 08: Situação exemplo que fere a segunda forma normal

Analisando o exemplo do quadro 08, a quantidade estocada é um fato que diz respeito ao par Peça+Depósito. O valor 100 indica 100 unidades da peça Pc1 no depósito D1. Logo, quantidade estocada aponta para uma dependência de identificação de ambos os elementos. Para a mesma peça Pç1, temos, no exemplo, 121 peças no depósito D2, e assim sucessivamente.

Em relação ao endereço do depósito, o mesmo é único para um mesmo depósito, ou seja, independe de quais e de quantas peças estão estocadas. Observe que o endereço do depósito D1 repete-se para as peças Pç1 e Pç2, e repetir-se-ia quantas vezes fossem os diferentes tipos de peças ali estocados. Nesse caso, o endereço independe da peça, sendo um fato acerca apenas de parte do atributo-chave, no caso, acerca apenas do Código do Depósito.

Capítulo 11 Normalização • 153

Nesta situação, cabe bem a análise de anomalias feita por Melo e Tanaka (1998): anomalia de inclusão, alteração e exclusão.

No caso da anomalia de inclusão, um mesmo endereço de depósito terá que ser repetidamente inserido, pois para cada tipo de peça existente no estoque do depósito teremos que informar o endereço do depósito.

No caso da anomalia de alteração, havendo mudança do endereço do depósito, a alteração do endereço do depósito deverá ocorrer tantas vezes quantas forem os tipos de peças existentes no depósito em pauta. Observe que esse caso pode causar inconsistência, pois, devido à redundância, os dados podem se tornar inconsistentes com diferentes endereços para o mesmo depósito.

No caso da anomalia de exclusão, podemos ter uma situação onde um depósito deixa de trabalhar com armazenamento de peças (todos os tipos foram excluídos, não em quantidade, mas excluídos pelo fato do depósito não mais trabalhar com aquele tipo de peça). Nesse caso, a exclusão dos tipos de peças de um depósito implicará na não existência mais de relações entre peças e o depósito em questão. Logo, não haverá "local" para informarmos onde fica o depósito (endereço) em função da não existência de tipos de peças no mesmo.

Como proposta de solução, o quadro 09 exibe a proposta de "desmembramento" da relação anteriormente construída em relações menores, no caso relação Estoque(peça-depósito) e Depósito:

CodPeça	CodDe-pósito	QtdeEs-tocada
Pç1	D1	100
Pç1	D2	121
Pç2	D1	99
...	...	...

CodDe-pósito	EndereçoDepósito
D1	Rua Araucária, 22
D2	Rua Coqueiro, 51
...	....

quadro 09: Desmembramento de uma relação em 2 relações menores para não ferir a segunda regra de normalização

Mais uma vez cabe ressaltar que a construção dos modelos ER seguindo as definições do que são cada um dos elementos básicos do mesmo e dos conceitos associados à sua aplicação nos conduz naturalmente à construção

154 • Modelagem Lógica de Dados: construção básica e simplificada

de relações normalizadas, cabendo a utilização das regras para validação dos modelos e verificação de compatibilidade com a realidade modelada.

11.4 Terceira Forma Normal

Uma relação está na terceira forma normal se estiver na segunda forma normal e não possuir atributo não-chave dependente de forma transitiva do atributo considerado chave. Em outros termos, uma relação está na terceira forma normal se estiver na segunda forma normal e não existir dependência entre seus atributos não-chave, ou ainda, a 3FN é violada quando um campo não chave é um fato acerca de outro campo não chave.

Para analisar uma relação quanto à sua condição de obediência à 3FN é feita uma análise em dos atributos não-chave entre eles.

Para exemplificar, considere o seguinte contexto:

"Uma grande empresa possui vários empregados e deseja informações sobre nome e matrícula de cada empregado, bem como sobre o local de trabalho de cada um deles (sigla do setor onde trabalha, local físico e ramal).".

Como solução para esse pequeno contexto a seguinte construção foi encontrada:

Empregado [MatrículaEmpregado, NomeEmpregado, SiglaSetor, LocalSetor, RamalSetor].

Considerando que para a solução dada o atributo MatrículaEmpregado é o atributo-chave definido, uma análise da construção proposta permite a seguinte análise: LocalSetor e RamalSetor são atributos que dependem da MatrículaEmpregado de forma transitiva, isto é, esses dois atributos não são um fato acerca do empregado, mas sim representam fatos acerca do setor onde o empregado trabalha. Dessa forma, estes dois atributos ferem a denominada 3FN ao definirem uma dependência direta entre atributos considerados não-chave.

Exemplificando a construção, considere os seguintes valores:

Matrícula Empregado	Nome	SiglaSetor	LocalSetor	RamalSetor
M1	José Silva	SAA	Bloco B, 2º andar	2123
M2	Pedro José	SBB	Bloco A, 1º andar	4456
M3	Catiuça	SAA	Bloco B, 2º andar	2123
M4	...	...	...	...
....	.....	.....		.....

quadro 10: Situação exemplo que fere a terceira forma normal

Analisando o exemplo do quadro 10, é possível observar que o local do setor e o seu ramal são fatos que não dependem da *MatrículaEmpregado* mas sim da *SiglaSetor*. Ambos (local e ramal) não variam de valor em função da matrícula do empregado, mas sim em função da sigla do setor. A linha da matrícula *M1* e a linha da matrícula *M3* permitem identificar claramente essa dependência.

Com essa construção surgem anomalias de exclusão e alteração. No caso da exclusão, serve como exemplo o fato de que se em determinado momento não houver empregado que esteja lotado no setor SBB (por exemplo), não existirá informação sobre este setor (seu local e ramal). No caso da anomalia de alteração, caso um setor mude de ramal, por exemplo, essa alteração deverá ser replicada em tantas matrículas de empregados quantos forem os existentes, correndo-se o risco de se proceder a alteração para uma matrícula e não se proceder para outra, criando uma situação de inconsistência da base.

A solução, que na verdade na maioria dos casos já teria sido construída de forma natural, consiste no desmembramento dessa relação em relações menores (Empregado e Setor), conforme ilustra os quadros seguintes:

156 • Modelagem Lógica de Dados: construção básica e simplificada

Matrícula Empregado	Nome	SiglaSetor
M1	José Silva	SAA
M2	Pedro José	SBB
M3	Catiuça	SAA
...	...	...

Sigla Setor	Local Setor	Ramal Setor
SAA	Bloco B, 2º andar	2123
SBB	Bloco A, 1º andar	4456

quadro 11: Desmembramento de uma relação em 2 relações menores para não ferir a terceira regra de normalização

11.5 Outras formas normais

Além das três formas normais tratadas existem outras regras de normalização importantes para o processo de construção de relações, destacando-se a forma normal de Boyce-Codd (FNBC) a quarta forma normal (4FN) e a quinta forma normal (5FN).

Essas formas normais são aplicáveis principalmente em situações de construções que derivam de relacionamentos ternários.

Neste momento não trataremos dessas formas normais pois a aplicação das mesmas se dá em menor escala e requer amadurecimento no processo de construção de modelos de relações.

É importante considerar um estudo sobre álgebra relacional para análise de relações normalizadas, pois a base das regras de normalização está pautada sobre as regras da álgebra relacional e a teoria dos conjuntos.

11.6 Exercício 21: Normalizando relações

Objetivo: Analisar relações quanto às formas normais

Contexto

Em uma universidade, uma disciplina pertence a um único Centro de Ciências, que por sua vez possui diversas disciplinas ligadas ao mesmo. Cada disciplina pode estar alocada a vários cursos, sendo que a mesma possui uma carga horária única, independente do curso em que esteja inserida.

Considere que para esse contexto foram criadas as seguintes relações e respectivos atributos:

Disciplina *[**CodDisciplina**, NomeDisc, CargaHorasDisc, CodCentro, NomeCentroCiências]*
Curso *[**CodCurso**, NomeCurso, CodDisciplina].*
GradeCurricular *[**CodCurso**, **CodDisciplina**, Período]*
CentroCiências *[**CodCentro**, RamalCentro]*

Questão: Em relação ao Caso descrito acima e a solução encontrada para o mesmo, responda:

As relações estão na 1FN? Justifique a resposta. Qual a solução para que atenda à 1FN?
As relações estão na 2FN? Justifique a resposta. Qual a solução para que atenda à 2FN?
As relações estão na 3FN? Justifique a resposta. Qual a solução para que atenda à 3FN?

11.7 Solução do exercício 21

a. As relações estão na 1FN? Justifique a resposta. Qual a solução para que atenda à 1FN?

Em relação à 1FN, Curso possui o atributo CodDisciplina que é multivalorado, isto é, em um mesmo curso temos várias disciplinas, portanto podemos ter vários códigos de disciplina associados a um mesmo curso.
Para esse caso, a solução seria desmembrar a associação ente curso e disciplina em uma nova relação. Contudo, a solução proposta já define esta relação: *GradeCurricular*. Logo a solução consiste simplesmente em abolir o atributo *CodDisciplina* de *Curso*.

b. As relações estão na 2FN? Justifique a resposta. Qual a solução para que atenda à 2FN?

Em relação à 2FN, de acordo com a definição, a mesma só se aplica para relações que possuem atributo chave composto. Sendo assim, para esse caso a análise somente se aplica a relação *GradeCurricular*, cujo atributo chave é composto por *CodCurso* e *CodDisciplina*.
O único atributo existente em *GradeCurricular* é *Período*, que define

158 • Modelagem Lógica de Dados: construção básica e simplificada

o período em que determinada disciplina é lecionada em um curso. Esse atributo tem seu valor identificado a partir da identificação de ambos os atributos: *CodCurso* e *CodDisciplina*. Isso significa que *Período* é um atributo que depende de toda a chave composta e não apenas de parte da chave composta. Com isso, a solução proposta já se encontra normalizada no que tange à segunda forma normal.

c. As relações estão na 3FN? Justifique a resposta. Qual a solução para que atenda à 3FN?

Estando as relações analisadas na primeira e na segunda forma normal, partimos para a análise da 3FN.

Em *Disciplina*, o atributo *NomeCentroCiências* não se caracteriza por depender diretamente de *CodDisciplina*, mas sim transitivamente, a partir do *CodCentro*. Na verdade, *NomeCentroCiências* não varia em função do código da disciplina, mas sim em função do código do centro de ciência ao qual a disciplina está associada. Nesse caso, temos uma dependência entre atributos não-chave (*CodCentro* e *NomeCentroCiências*), violando a definição da terceira forma normal.

A solução consiste em retirar o atributo *NomeCentroCiências* de *Disciplina* e inseri-lo como atributo de CentroCiências.

Finalizando a análise, a nova construção ficaria da seguinte forma:
Disciplina *[**CodDisciplina**, NomeDisc, CargaHorasDisc, CodCentro]*
Curso   *[**CodCurso**, NomeCurso]*.
GradeCurricular   *[**CodCurso**, **CodDisciplina**, Período]*
CentroCiências   *[**CodCentro**, NomeCentroCiências, RamalCentro]*

12

Estudo de Casos: Modelando ER na Prática

Este capítulo se traduz na contribuição mais significativa deste livro, a partir do momento que traz para o leitor situações simples, mas extensíveis para situações maiores, que concretizam o estudo de construção de modelos de dados.

São exercícios apresentados sob a forma de estudo de casos voltados para as diversas situações discutidas nos capítulos anteriores. Muitos apresentam, no capítulo de soluções dos casos, a solução e variações possíveis da mesma, bem como comentários sobre as soluções adotadas. Antes de iniciar qualquer um dos casos, convém passar algumas orientações, agindo como pressupostos que deverão adotados, independentemente do contexto de inserção:

Cada estudo de caso espelha um suposto mundo real, isto é, um contexto hipotético, descrito forçosamente de forma nem sempre totalmente objetiva e clara, buscando criar espaço para a interpretação baseada no bom senso, simulando a realidade organizacional de pouca objetividade em determinadas situações;

O processo de abstração caberá ao leitor e poderá ser conduzido ou não ao longo da explicação do exercício ou estudo de caso;

O diagrama (DER) será construído como foco principal. Portanto, a dicionarização será tratada apenas em alguns casos, para focar o exercício no diagrama;

A validação será feita em alguns casos, cabendo ao construtor do modelo fazê-lo na maioria dos casos;

As "realidades" expostas não são as desejadas pelo leitor, mas sim as expostas pelo suposto cliente da simulação de caso. Isso significa que em muitos casos o leitor pode não concordar com a forma como a organização descrita trabalha, mas isso deverá ser desconsiderado, haja vista que se supõe o futuro desenvolvimento de um SI baseado em computador para o cliente conforme a realidade e o desejo do mesmo;

As denominações ENTIDADE e RELACIONAMENTO dizem respeito ao conjunto (de extensões), utilizando jargão da área.

12.1 Caso 01: Patrimônio Móvel

Contexto e tarefa:
Uma empresa quer um sistema para gerenciar seu patrimônio móvel. Para isto contratou você e solicitou um projeto. Inicie seu trabalho construindo um DER capaz de responder da melhor forma possível às necessidades de informações do cliente. Para ajudar, o gerente do Setor de Patrimônio da empresa redigiu o texto abaixo, explicando como ele deseja que o sistema funcione. Complete o modelo dicionarizando: 2 entidades, 2 relacionamentos e 2 atributos.

Texto Base:
Nossa empresa é organizada em departamentos e estes em setores. Cada setor é identificado por uma sigla. Cada departamento é identificado por uma sigla.

Cada bem móvel adquirido é identificado fisicamente por uma plaqueta de metal que possui um número de 6 dígitos criado pelo Setor de Patrimônio. Após receber essa identificação, o bem deverá ser cadastrado no sistema. Mais tarde esse bem deverá ficar sob responsabilidade de um setor da empresa. Estando dentro da empresa um bem pode ser transferido para outro setor, passando automaticamente a ficar sob responsabilidade desse novo setor.

Quando um bem móvel sofre algum tipo de dano é feito o registro de uma ocorrência. Uma ocorrência é, portanto, o registro de um fato acontecido com um bem e originado por um único tipo de dano. Cada ocorrência com um bem móvel deverá ser identificada mediante um número próprio (número de registro de ocorrência), permitindo que saibamos, a qualquer momento, quais foram as ocorrências havidas com um bem.

Os tipos de danos são cadastrados previamente, mesmo antes de alguma ocorrência. Alguns exemplos de tipos de danos são: quebra, furto, extravio, defeito, etc. Surgindo um novo tipo de dano, o sistema deverá permitir seu cadastramento para posterior registro da ocorrência.

Algumas informações são importantes que o sistema forneça:

1) Dado um bem móvel, qual a sigla e o nome do setor responsável pelo bem.

2) Dado um bem móvel, qual a sigla e o nome do departamento ao qual o setor responsável pelo bem está subordinado.

3) Quais as ocorrências já havidas com um bem móvel e as datas destas ocorrências.

4) Quais os bens móveis existentes na empresa (descrição de cada bem) e respectivos: data de compra e valor de compra.

5) Dado um setor, quais as ocorrências já havidas sob responsabilidade do mesmo.

6) Dada a identificação de um tipo de dano informar: sua descrição e ocorrências causadas pelo mesmo.

12.2 Caso 02: Hospital de Internamento

Contexto e tarefa:

A gerência do Hospital HSM quer melhorar a gestão da ocupação dos seus cômodos e leitos. Para tal, pediu à sua equipe a construção de um SI. Inicie sua tarefa elaborando um DER que atenda à necessidade de informação do hospital, cuja descrição está no texto base dado. Complete o modelo dicionarizando: 2 entidades, 2 relacionamentos e 2 atributos.

Texto Base:

O HSM trabalha só com internamento de pacientes (não há atendimento de pronto-socorro e/ou ambulatorial). Existem 3 diferentes tipos de cômodos: Apartamento (1 leito), Quarto (2 leitos) e Enfermaria (5 leitos). Ao todo são 25 cômodos. Os donos pretendem aumentar a quantidade de cômodos e diversificar os tipos de cômodos com novos formatos e quantitativos de leitos.

Cada cômodo é identificado por um número. Alguns cômodos, embora prontos e identificados, podem estar em reforma ou ainda não terem seus leitos identificados.

Com o novo sistema, cada paciente que entrar no hospital deverá ser cadastrado e ficar sob responsabilidade de um médico (médico responsável pelo internamento), que pertence forçosamente ao quadro de médicos do hospital. Havendo necessidade, um paciente pode mudar de médico responsável durante seu internamento. Quando o paciente sai do hospital seus

162 ▪ Modelagem Lógica de Dados: construção básica e simplificada

dados são guardados em um histórico que não estará incluído no escopo deste projeto.

Pacientes pagam suas contas através de cobertura particular ou com planos de saúde. Um paciente não pode ter os seus custos pagos por mais de um plano de saúde. Atualmente são os seguintes planos conveniados: Unimed, GC, Amil, Planmed, Bradesco, Sulamérica e Petros. Existe intenção na ampliação de convênios.

No HSM existem enfermeiros e estes são alocados aos cômodos (para atendimento) com base em uma escala mensal de alocação. Nesta escala, um cômodo pode ser atendido por vários enfermeiros, que pode atender vários cômodos ao mesmo tempo. Todo mês a escala é refeita.

A gerência do HSM quer que o sistema forneça basicamente as seguintes informações:

1) Quais são os cômodos existentes, o tipo de cada cômodo, os leitos de cada um deles e a situação de cada cômodo (em manutenção, em operação ou desativado).

2) Relação dos leitos existente no hospital e situação de cada um deles (ocupado ou disponível).

3) Pacientes internados com: nome; nascimento; sexo; número do cômodo onde está internado; número do leito que ocupa; e dados do médico responsável (nome, endereço e celular).

4) Para cada plano de saúde, saber os pacientes que estão sendo cobertos por aquele plano de saúde (nome do paciente, data de internamento e data provável de saída)

5) A escala de enfermeiros em vigor, contendo: número de cada cômodo e respectivos enfermeiros de escala para o mesmo (nome do enfermeiro e telefone para contato).

12.3 Caso 03: Revendedora AgroBom

Contexto e tarefa:

Para agilizar a obtenção de informações sobre estoque, pedidos e solicitações de compra aos fornecedores a empresa AgroBom chamou você para apresentar um projeto de SI. Inicie sua tarefa criando o DER com base do texto base dado. Complete o modelo dicionarizando: 2 entidades, 2 relacionamentos e 2 atributos.

Texto Base:

Nossa empresa (AgroBom) atua há 5 anos na revenda de produtos agrícolas, operando com pedidos de clientes previamente catalogados. Um cliente pode fazer vários pedidos durante o dia e em cada pedido incluir diferentes produtos. Se for novo cliente, exige-se seu cadastramento prévio. Para atender ao pedido, o balconista verifica o estoque disponível de cada produto pedido. Somente são registrados no pedido os produtos com quantidade em estoque suficiente para atender o cliente. Logo, todos os produtos são entregues de imediato. O balconista tem autonomia para dar um desconto sobre o valor geral do pedido (limitado a 10% do total).

Quando a quantidade em estoque de um produto atinge níveis críticos, o setor de compras faz solicitações de compra a seus fornecedores. Cada produto em estoque possui diversos fornecedores, que por sua vez fornecem diferentes produtos. Uma empresa para ser fornecedora da AgroBom deve ser previamente catalogada. Para isso são informados os produtos que a mesma vai fornecer. Caso um determinado produto deixe de ser trabalhado pela AgroBom e o fornecedor não forneça outros produtos, esse fornecedor pode permanecer catalogado mas com indicação de situação inativo. Cada solicitação de compra é feita para um único fornecedor e pode envolver vários produtos. Ao chegar o material, registra-se a solicitação como encerrada.

As seguintes informações são importantes para a administração:

1. Posição de estoque a qualquer momento contendo sobre cada produto: descrição, quantidade existente, unidade de medida e quantidade mínima ideal para estoque;

2. Quais são os pedidos recebidos em cada mês e ano, indicando: número do pedido, cliente (nome, telefone e endereço) e produtos pedidos (descrição, unidade de medida e quantidade);

3. Quais são os pedidos efetuados em um intervalo de datas, contendo: o valor total de cada pedido, o desconto dado ao mesmo e o número de cada pedido;

4. Quais são os fornecedores de cada produto (Nome, CGC e telefone do fornecedor);

5. Quais são as solicitações de compra realizadas mês a mês, indicando-se: nome e CGC do fornecedor; produtos solicitados com as respectivas quantidades; número de cada solicitação feita e situação de cada uma delas (em aberto ou encerrada);

164 ▪ Modelagem Lógica de Dados: construção básica e simplificada

6. Volume de solicitações e de pedidos (em dinheiro) dos últimos 12 meses, exibidos mês a mês.

12.4 Caso 04: Loja de Departamentos

Contexto e tarefa:

Uma loja de departamentos contratou você com o objetivo de apresentar uma proposta técnica de construção de um sistema baseado em computador capaz de apoiar o gerenciamento administrativo da loja. Para esta proposta construa o modelo ER capaz de atender às necessidades descritas pela administração, conforme texto base abaixo. Complete o modelo dicionarizando: 2 entidades, 2 relacionamentos e 2 atributos.

Texto Base:

Nossa loja funciona com diversos departamentos que operam cada um deles com produtos variados. Um mesmo produto não pode ser vendido em mais de um departamento. Alguns departamentos já foram criados na estrutura organizacional da loja, contudo ainda não estão em funcionamento. Sendo assim, não possuem ainda produtos para venda definidos e vendedores alocados. Eventualmente um produto pode passar de um departamento para outro.

Da mesma forma como os produtos são "departamentalizados", os vendedores da loja são distribuídos pela mesma de acordo com suas aptidões, de tal forma que um vendedor fique dedicado a um único departamento. Eventualmente um vendedor pode ser remanejado de um departamento para outro.

Cada venda efetuada recebe uma numeração própria, sendo registrada como um Registro de Venda. Em um Registro de Venda são anotados todos os produtos vendidos naquela venda, com seus respectivos códigos e valores unitários e o valor total de cada produto vendido (subtotal), além do preço total da venda.

Um cliente, ao efetuar uma compra em um departamento, é atendido por um único vendedor. Portanto, para cada registro de venda existe somente um vendedor responsável. Caso o cliente compre em mais de um departamento, serão gerados tantos registros de vendas quantos forem os departamentos diferentes nos quais o mesmo efetuou compra.

Um registro de venda gera ao seu vendedor uma comissão. O percentual de comissão é fixado de forma diferenciada por departamento.

Periodicamente estes percentuais são alterados em função das necessidades de vendas da loja ou do departamento.

As comissões calculadas entram no registro de venda para a emissão mensal e anual de um relatório de vendas efetuadas e comissões pagas. As comissões são pagas aos vendedores ao final de cada mês, registrando-se em cada registro de venda que a comissão foi paga.

Vendedores que saíram da loja aparecem na relação anual com a situação de "vendedor desligado", embora continuem associados como dedicados ao seu último departamento.

Um vendedor pode ser chefe de um dos departamentos.

A administração da loja quer que o sistema possa fornecer as seguintes informações:

1) Relação dos vendedores da loja (nome, RG, data de admissão e nome do departamento em que está alocado).

2) Quais são os departamentos da loja (sigla e nome) e com quais produtos cada um opera.

3) Dada a matrícula de um vendedor, listar as vendas efetuadas por ele para um período entre 2 datas.

4) A partir de um registro de venda identificar quais produtos foram vendidos, em que quantidade, o subtotal por produto e qual o preço de venda total do Registro.

5) Qual a quantidade existente de cada produto no estoque da loja e o respectivo preço atual de venda.

6) Qual o departamento com maior volume de vendas por mês (em reais).

7) Relatório mensal de vendas efetuadas e comissões pagas por departamento (com detalhes de cada venda).

8) Dado um vendedor, identificar se o mesmo é chefe de departamento e a partir de que data ele assumiu esta chefia.

12.5 Caso 05: Loja de Departamentos (com adicionais)

Contexto e tarefa:

Sobre o mesmo caso da loja de departamentos, considerar as novas considerações do texto base e representar apenas as modificações necessárias de relacionamentos, entidades ou atributos.

166 • Modelagem Lógica de Dados: construção básica e simplificada

Novas considerações para o texto base:

No relacionamento que define que um vendedor pode ser chefe de departamento, considerar que apenas vendedores que possuam nível superior é que podem assumir chefia de departamento.

Considere que a administração da loja queira informações sobre produtos que possam ser substituídos por outros com base na seguinte informação: "Um produto, quando for do tipo eletroeletrônico, pode ter similares na própria loja. Nesse caso o sistema deve ser capaz de identificar, a partir de um código de produto, se o mesmo possui produtos similares e, se possuir, quais são esses similares."

12.6 Caso 06: Cemitério Jardim Esperança

Contexto e tarefa:

O Cemitério Jardim Esperança (CJE) quer informatizar o gerenciamento de jazigos e óbitos. Ele opera com lotes de jazigos que são vendidos para famílias ou empresas, funcionando como um seguro funeral que dá ao seu proprietário o direito de enterrar nos jazigos dos lotes adquiridos os entes falecidos da família ou da empresa. Para essa proposta construa o modelo ER capaz de atender às necessidades descritas pela administração, conforme texto base abaixo e complete o modelo dicionarizando: 2 entidades, 2 relacionamentos e 2 atributos.

Texto Base:

O CJE é segmentado em quadras, cada uma com diferentes tamanhos (metros quadrados) e diferentes quantidades de lotes e jazigos. Cada quadra é identificada por um número e um nome de referência. Em uma quadra podemos ter vários lotes, sendo que cada lote é identificado pelo número da quadra e um número seqüencial que identifica o lote (o Lote 0102 é o lote 02 que fica na quadra 01; o Lote 2207 é o lote 07 que fica na quadra 22).

Um lote, depois de segmentado em jazigos, pode suportar até 4 jazigos. É intenção da administração do CJE operar com lotes com maior quantidade de jazigos. Os jazigos são identificados de forma análoga aos lotes, ou seja, cada jazigo é identificado pelo número do lote e mais uma letra seqüencial própria (o jazigo 0102A é o jazigo A que fica no Lote 0102; o jazigo 3312D é o jazigo D que fica no Lote 3312).

Os lotes, após abertos, demarcados e divididos em jazigos, são vendidos. Pode ser proprietário de um lote uma pessoa física ou jurídica. Nada impede que uma pessoa seja proprietária de mais de um lote. Contudo, cada lote é sempre vendido, de forma integral, para um único proprietário.

A administração está abrindo novas quadras e catalogando-as, para posterior loteamento das mesmas e divisão de cada lote em jazigos e para venda. Quando os jazigos de um lote são preenchidos totalmente, a situação do lote é dada como lote encerrado. Quando um jazigo é ocupado, o mesmo passa para a situação jazigo ocupado.

A administração do CJE quer obter informações diversas que estão descritas a seguir:

1) Quais são as quadras existentes no CJE (número e nome), qual a metragem de cada quadra e quantos jazigos estão ocupados nesta quadra?

2) Dado o CPF ou CGC de um proprietário, qual o nome dele e quais são os seus lotes, indicando: data de compra e situação de pagamento (quitado ou não quitado);

3) Dada a identificação de um jazigo, saber se o mesmo está ocupado, qual o nome da pessoa enterrada no mesmo, sexo, data de óbito e data de nascimento;

4) Dado o nome da mãe de uma pessoa, saber em qual jazigo, lote e quadra a mesma está sepultada.

12.7 Caso 07: Gerenciamento de Extintores

Contexto e tarefa:

Um condomínio de apartamentos residenciais, com vários blocos, deseja gerenciar os processos de instalação e manutenção dos extintores de incêndio. A partir do texto base disponibilizado, construa o modelo ER capaz de atender às necessidades descritas pela administração do condomínio e complete o modelo dicionarizando 2 entidades, 2 relacionamentos e 2 atributos.

Texto Base:

O condomínio "Moradas do Amanhecer" é um condomínio de um único prédio com 25 andares (incluindo áreas comuns) e 8 apartamentos por andar. Uma das dificuldades existente é gerenciar todos os extintores de incêndio dispostos nas partes internas do prédio.

168 • Modelagem Lógica de Dados: construção básica e simplificada

Cada extintor adquirido é identificado mediante um código que é colocado em uma etiqueta de metal que fica na parte externa do extintor. Toda a gestão dos extintores é feita a partir da identificação de cada extintor por esse código.

Para efetuar o cadastro do extintor é catalogado o fabricante e o revendedor. Do fabricante anota-se apenas o nome e cidade do mesmo. Do revendedor anota-se nome, endereço completo, telefone e nome para contato em caso de necessidade. A intenção é saber de cada extintor quem é o fabricante do mesmo e onde ele foi adquirido.

Cada extintor destina-se a um ou mais de um tipo de causa de incêndio. Os tipos de causas de incêndio são motivos que podem gerar fogo. Os tipos de causas são previamente catalogados pela administração do condomínio (código e descrição).

Os extintores são recarregados periodicamente por diferentes empresas de recarga existentes na cidade – que não necessariamente são as revendedoras. Cada empresa de recarga é catalogada antes do registro da recarga e ficam permanentes no catálogo até que não se deseje mais trabalhar com a mesma e não se tenha nenhum extintor que tenha sido recarregado pela mesma.

Um extintor pode, em um determinado período, encontrar-se em manutenção, pintura ou recarga. Sendo assim, o mesmo é retirado do seu ponto de colocação. Por esse motivo, existem extintores de reserva, que ficam no depósito, em uma situação definida como "em reserva".

Cada andar pode possuir vários pontos de colocação de extintor. Estes pontos são identificados por um número sequencial dentro de cada andar. Exemplo: ponto 0402 é o ponto 02 que fica no 4° andar. Em cada ponto de colocação só fica um único extintor.

Além dessas informações sobre os extintores, a administração gerencia ainda os pontos de saída de mangueira de incêndio. Em cada andar tem-se um ponto de mangueira de incêndio, e o que se deseja saber é a data em que cada ponto foi vistoriado pela última vez.

O sistema a ser construído deverá ser capaz de fornecer as seguintes informações:

1) Dado um extintor, saber seu fabricante (nome e cidade).

2) Dado um extintor, saber onde o mesmo foi comprado (nome do revendedor, endereço, fone, nome da pessoa para contato) e quando foi comprado;

3) Quais são os extintores existentes para cada tipo de causa de incêndio;

Capítulo 12 Estudo de Casos: Modelando Er na Prática ▪ 169

4) Quais são os pontos de colocação existentes no prédio e a localização (andar) de cada um deles e a situação de cada ponto (ocupado/desocupado);

5) Qual a localização de cada extintor, (número do ponto de colocação) ou se ele está em uma condição de manutenção (identificar a situação);

6) Quais as empresas de recarga (nome e endereço) que já recarregaram extintores;

7) Quando foi a última data de recarga de cada extintor, bem como a empresa que recarregou por último cada extintor.

12.8 Caso 08: Gerenciamento de Extintores com histórico

Contexto e tarefa:

Considere o estudo de caso anterior, modificando apenas a necessidade de informação relativa às recargas de extintores. Sendo assim, ao invés de extrair informação referente à ultima recarga de cada extintor, suponha que a administração do condomínio deseja listar todo histórico de recargas, isto é, toda recarga efetuada deverá ser registrada, de tal forma que nesse histórico constem: data da recarga, nome e CGC da empresa que recarregou e o custo da recarga.

12.9 Caso 09: Empresa FazTudo de Projetos

Contexto e tarefa:

Uma empresa de projetos deseja gerenciar a execução dos projetos por ela trabalhados. A partir do texto base disponibilizado, construa o modelo ER capaz de atender às necessidades descritas pela administração da empresa e complete o modelo dicionarizando 2 entidades, 2 relacionamentos e 2 atributos.

Texto Base:

A empresa FazTudo é organizada em Departamentos e esses segmentados em Setores. Departamentos e Setores são identificados por siglas e possuem nomes descritivos dos mesmos.

Os funcionários contratados são lotados de imediato em um único setor da empresa. A maior parte dos funcionários são alocados em projetos. Cada projeto é considerado existente a partir de sua aprovação pela direção.

Cada setor é chefiado por um só funcionário, que pode acumular chefias. Os departamentos são gerenciados cada um por um único funcionário, que não acumula gerências.

Existem outras pessoas que não pertencem ao quadro de funcionários da empresa, porém prestam serviços em projetos através de empresas terceirizadas. Uma empresa terceirizada, mesmo mantendo contrato com a FazTudo, pode não ter, durante um determinado período, nenhum empregado a disposição da FazTudo. Um empregado de terceirizada não pode assumir chefia de setor, nem gerência de divisão. Um empregado de terceirizada pode estar alocado a mais de um projeto simultaneamente.

Existe uma tabela de salários. Cada funcionário, tão logo é contratado, é enquadrado em um nível salarial específico. Cada nível é identificado por um número e cada nível desses possui um valor de salário associado ao mesmo. As alterações de salário ocorrem sempre por nível salarial.

A FazTudo deseja desenvolver um sistema baseado em computador para informatizar algumas funções e atender a algumas necessidades descritas abaixo:

1) Qual o nome, endereço, data de admissão e quantidade de dependentes de cada funcionário;

2) Quais são os departamentos existentes na empresa e respectivos setores (sigla e nome);

3) Dada a matrícula de um funcionário, saber o nome do setor onde ele está lotado;

4) Quais são os funcionários alocados aos projetos (nome, data de admissão e data de alocação);

5) Quais são os empregados terceirizados alocados aos projetos (nome e data de alocação);

6) Quais são as empresas terceirizadas que possuem contrato com a Faz-Tudo (Razão Social e CGC) e quais são os seus empregados que estão à disposição da FazTudo (nome e data de início da disponibilização);

7) Qual a data prevista para término de cada projeto;

8) Qual a data de início do contrato com cada empresa terceirizada;

9) Quem são os chefes de setores (nome, matrícula, data de admissão e data de início da chefia dos mesmos);

10) Quem são os gerentes de departamento (nome, matrícula, data de admissão e data de início da gerência dos mesmos);

11) De cada funcionário saber: nome, salário, nome dos dependentes e data de nascimento dos dependentes.

12.10 Caso 10: Locadora de Veículos

Contexto e tarefa:

Uma locadora de veículos pretende informatizar o gerenciamento de locações. A partir do texto base disponibilizado, construa o modelo ER capaz de atender às necessidades descritas pela administração da locadora e complete o modelo dicionarizando 2 entidades, 2 relacionamentos e 2 atributos.

Texto Base:

A Locadora de Veículos CARROBOM loca automóveis através da suas 10 filiais. É política da empresa não abrir mais de uma filial por cidade.

Os veículos da CARROBOM pertencem à locadora, mas cada um deles fica sob responsabilidade de uma filial.

A locadora opera com diferentes marcas de veículos (Ford, Volkswagen, GM, Fiat, etc.) e com diferentes modelos de uma mesma marca (Gol, Escort, Kombi, Vectra, Uno, etc.).

Todo novo cliente é cadastrado previamente e associado a uma classe. São 3 (três) classes de clientes que existem na operadora: Cliente Eventual, Cliente Habitual e Cliente Empresa.

Se um cliente for da classe Empresa ou da classe Habitual, ele deve ser gerenciado por uma filial. Sendo assim, esse tipo de cliente deve ser associado como cliente de uma filial, embora goze de todos os descontos, independente da filial onde ele venha a locar um veículo.

O valor da diária de uma locação é dado de acordo com o modelo do veículo. Para cada modelo de veículo existe um preço base de diária.

Para cada classe de cliente existe um desconto sobre o preço base da diária. Este desconto, representado na tabela abaixo, é modificado periodicamente. Ele é aplicado sobre o total da locação, no momento do fechamento da conta:

Tabela de descontos por classe de cliente:

Tipo de cliente	Desconto concedido
Cliente Eventual	Sem desconto
Cliente Habitual	5 %
Cliente Empresa	15 %

Um cliente pode, a qualquer momento, passar de uma classe para outra, segundo ordem da gerência de uma filial.

Cada veículo é identificado através de sua placa, sendo esta escolhida pela administração da locadora junto aos órgãos competentes.

Caso um automóvel possua acessórios, tal fato é registrado de forma que se identifiquem os tipos de acessórios existentes em cada veículo.

São vários os tipos de acessórios existentes: som, ar-condicionado, dvd, bar, etc.

Cada tipo de acessório acrescenta um custo à locação (valor base de acessório), diferente em valor de tipo de acessório para tipo acessório, mas que não varia com o número de diárias.

Dessa forma, caso o automóvel contenha algum tipo de acessório, o valor final da locação é acrescido do valor base de cada acessório que o veículo possui.

Quando um cliente faz uma locação, a mesma é identificada por um número chamado Registro de Locação. Em um Registro de Locação anota-se o veículo locado, os dados do cliente, o local de saída (filial de origem) e local de chegada (filial de destino - onde o veículo será entregue), data da locação e data prevista de término da locação.

Algumas informações são importantes para a locadora:

1) Quais são as locações em andamento (Número de Registro da Locação, nome do cliente, endereço do cliente, data da locação e data prevista de término da locação);

2) Custo adicional básico por tipo de acessório (nome do acessório e valor);

3) A partir da placa de um veículo identificar: modelo, cor, ano e tipos de acessórios existentes no mesmo;

4) A partir do CPF ou CGC de um cliente, qual seu nome, endereço, quais são os automóveis que estão locados para o mesmo e qual a filial responsável por aquele cliente (caso o mesmo seja do tipo empresa ou habitual);

5) Qual o custo básico de locação diária de cada veículo;

6) Dada uma classe de cliente, qual o nome da classe e os clientes enquadrados na mesma.

7) Dado o número de uma filial, qual endereço e veículos sob responsabilidade dela;

8) Dado um modelo de veículo, quais são os veículos existentes para aquele modelo e as respectivas marcas;

Capítulo 12 Estudo de Casos: Modelando Er na Prática • 173

9) Quais são os veículos não locados;

10) Qual o nome da cidade da filial de origem de cada locação e o nome da cidade da filial de destino de cada locação.

11) Ao final de uma locação, o sistema deverá ser capaz de gerar a fatura para pagamento, discriminando todos os valores.

12.11 Caso 11: Empresa de Ônibus

Contexto e tarefa:

Uma empresa de ônibus municipais deseja gerenciar a alocação de ônibus, as linhas atendidas por ela e a alocação dos motoristas prestadores de serviço. A partir do texto base disponibilizado, construa o modelo ER que atenda às necessidades descritas pela administração da locadora e complete o modelo dicionarizando 2 entidades, 2 relacionamentos e 2 atributos.

Texto Base:

A empresa de ônibus Viação Inferno opera com 30 ônibus em diferentes linhas urbanas. Há previsão de expansão dos serviços (aumento da frota e de linhas).

Cada ônibus é alocado para uma linha, sendo periodicamente transferido para outra linha. Apenas os ônibus considerados da frota reserva não são alocados para linhas em específico (os ônibus reserva que ficam na garagem esperando serem utilizados em casos de emergência). Quando postos para uso, eles passam a ficar alocados à linha.

A empresa tem 60 motoristas, cada um alocado para uma única linha. Esta alocação muda periodicamente e um motorista, quando entra de férias, é desalocado de qualquer linha.

Uma linha é formada por uma quantidade certa de pontos de parada, que definem por onde esta linha passa. Cada ponto de parada está associado a um bairro da cidade e a uma rua. Considera-se que uma linha passa por um bairro ou rua se tiver pontos de parada nesse bairro ou nessa rua. Cada rua é identificada por um código, assim como cada bairro. Cada ponto de parada é identificado pelo código da rua onde está inserido, em conjunto com um número seqüencial que identifica o ponto de parada. Exemplos: O ponto de parada 0123 é o ponto 23 que passa pela rua de código 01. O ponto de parada 1204 é o ponto 04 que passa pela rua de código 12.

174 • Modelagem Lógica de Dados: construção básica e simplificada

Cada linha tem um nome, porém internamente a identificação sempre é feita pelo número da linha. Entre as principais necessidades de informação que a administração da Viação Inferno precisa, estão as seguintes:

1) Quais são os ônibus existentes na empresa, indicando: data de compra e ano de fabricação;

2) Quais são as linhas operadas pela empresa (nome, número dos pontos de parada pelos quais cada linha passa e o nome dos bairros que cada linha atende);

3) Quais são os motoristas da empresa (nome e CNH) e a quais linhas estão alocados;

4) Dado o nome de uma rua, quais linhas da empresa passam na mesma;

5) Dada uma linha, quais são os ônibus que estão alocados para ela;

6) Quais são os pontos de parada existentes e se cada um deles possui abrigo coberto ou não;

7) Quais são os ônibus da frota reserva que estão em uso e desde quando que estão em uso.

12.12 Caso 12: Área de Plantio

Contexto e tarefa:
Uma fazenda utiliza áreas segmentadas do seu todo para plantação de diversas culturas. Para gerenciar essas áreas e culturas, a administração da fazenda pretende implantar um sistema informatizado que atenda ao contexto de funcionamento dela, conforme texto abaixo. Desse modo, inicie o processo de construção pela criação de um modelo ER que atenda às necessidades descritas. Complete dicionarizando 2 entidades, 2 relacionamentos e 2 atributos.

Texto Base:
Nossa fazenda trabalha com diferentes tipos de cultura (arroz, feijão, soja, cebola,...) devendo ampliar essa variedade. No intuito de melhorar o controle de plantio, resolveu-se dividir a fazenda em áreas de plantio. Cada área possui tamanho próprio e para cada uma há um funcionário responsável, que pode ser responsável por mais de uma área simultaneamente.

Uma área, quando ativa, isto é, existe nela algum tipo de cultura em andamento, suporta um único tipo de cultura, que por sua vez pode ser produzida em mais de uma área.

Para um melhor controle de pragas que assolam o plantio, agrotóxicos são comprados antecipadamente, para que não faltem no momento necessário. Cada tipo de cultura está sujeita à ação de uma ou mais pragas. Uma mesma espécie de praga pode atacar diferentes tipos de culturas. Os agrotóxicos são comprados em função da possibilidade de existência destas pragas.

Vários agrotóxicos combatem uma praga e um agrotóxico pode combater várias pragas.

Nesse ano, o corpo técnico da fazenda já aplicou vários agrotóxicos, em diferentes áreas, com finalidade preventiva. Para algumas áreas já foram aplicados agrotóxicos com finalidade corretiva, isto é, uma praga estava em ação e agrotóxicos foram aplicados no intuito de exterminá-la.

Entre as necessidades de informações exigidas pela administração estão as seguintes:

1) Dada a matrícula de um funcionário, saber seu nome e áreas sob sua responsabilidade.

2) Dado o número de uma área saber: tamanho, tipo de cultura que está plantada na área e quando essa cultura foi ali iniciada. Se estiver sem cultura plantada, indicar tal fato.

3) Com o código identificador de uma praga, quais as culturas (nome) em que a mesma pode incidir e em que estação do ano ela surge com freqüência.

4) Com o código de uma praga, saber seu nome e agrotóxicos que a combatem.

5) Identificar a quantidade de agrotóxico aplicado preventivamente por área, e saber por agrotóxico, o nome do mesmo, a quantidade disponível e a unidade de medida do agrotóxico.

6) Identificar quais agrotóxicos foram aplicados de forma corretiva, identificando especificamente para qual praga (nome) e em que quantidade ele foi aplicado corretivamente para cada área.

7) Existe um tempo máximo em que uma cultura deve permanecer em uma mesma área. Sabendo disso, é importante saber quais áreas deverão ter cultura modificada dada uma data.

12.13 Caso 13: Laboratório de Análises Clínicas

Contexto e tarefa:

Um laboratório de exames laboratoriais executa uma grande variedade

176 • Modelagem Lógica de Dados: construção básica e simplificada

de tipos de exames. Para gerenciar os exames realizados e seus resultados, a administração do laboratório pretende implantar um sistema informatizado que atenda ao contexto de funcionamento dela, conforme texto abaixo. Desse modo, inicie o processo de construção pela criação de um modelo ER que atenda às necessidades descritas. Complete dicionarizando 2 entidades, 2 relacionamentos e 2 atributos.

Texto Base:

O laboratório "VS" trabalha com vários tipos de exames laboratoriais e é composto por uma série de laboratórios integrados. Sua administração quer informatizar o gerenciamento de requisições de exames e resultados.

Cada tipo de exame é identificado por um código próprio, já utilizado atualmente, denominado CódigoDoExame. Cada tipo de exame pode ter um resultado dito como normal. Os resultados normais esperados, bem como o nome de cada tipo de exame são fornecidos pelo chefe do laboratório e cadastrados no sistema.

Nosso laboratório trabalha com várias seguradoras de saúde, como Sunimed, Samil e outras. De forma resumida, a implantação de um sistema informatizado acompanhará os atuais procedimentos que deverão ocorrer, após a implantação, conforme descrito na sequência.

Quando um usuário chegar ao laboratório para fazer seus exames, o atendente efetuará os seguintes procedimentos:

– Pedirá ao usuário as solicitações de exames emitidas pelos médicos. Um usuário pode trazer várias solicitações, com tipos de exames diversos e de diferentes médicos;

– O usuário indica os tipos de exames que fará e o atendente fará seu cadastramento informando: Rg, Cpf, endereço, data de nascimento e sexo do usuário. Se o usuário já for cadastrado, recupera-se o seu código de usuário a partir de um ou mais dados já catalogados;

– Após cadastrar o usuário, o atendente, pelo sistema, irá gerar um Registro Interno de Exames (RIEX). Cada RIEX será identificada por um número, gerado de forma sequencial pelo sistema, e que será referência para o trâmite dos exames. Em uma RIEX serão incluídos os tipos de exames solicitados pelos médicos para aquele usuário. Para cada RIEX gerado existirá uma única seguradora de saúde associada. Caso o usuário não tenha cobertura por seguradora, indica-se tal fato;

– Registrados os tipos de exames a serem feitos e os respectivos médicos (pelo CRM), o sistema disponibilizará aos laboratórios integrantes do

Capítulo 12 Estudo de Casos: Modelando Er na Prática • 177

VS um procedimento de registro de resultados. Todo médico que solicita um tipo de exame deverá ser previamente cadastrado no sistema (CRM e nome);

– Para cada tipo exame realizado em uma RIEX deverá ser registrado o resultado obtido para o exame, assim como o código do técnico responsável pelo resultado;

– Registrados os resultados, o RIEX passa para a condição de encerrado, ficando a disposição para entrega dos resultados ao usuário do mesmo;

– Entregue o resultado do RIEX ao seu usuário, o RIEX passa à situação de entregue.

O Sistema em pauta deverá ser capaz de atender às seguintes necessidades de informação:

1) Quais são os tipos de exames que o laboratório realiza e qual o resultado normal esperado para cada tipo de exame;

2) A situação de cada RIEX (aberto, encerrado ou entregue);

3) Para cada RIEX, qual o usuário associado a ela (nome, endereço, sexo e nascimento);

4) Qual a quantidade de requisições feitas por período (entre 2 datas);

5) Quais são os tipos de exames que foram solicitadas para a cada requisição;

6) Quais os resultados obtidos para cada tipo de exame de cada RIEX?

7) Para cada tipo de exame de uma requisição, qual o médico (CRM e nome) que solicitou;

8) Para cada exame de uma RIEX, qual o responsável pelo resultado (matrícula e nome);

9) Dada a identificação de uma seguradora, quais foram as requisições cobertas por ela.

CASOS: soluções e considerações

Este capítulo traz as soluções e respectivas considerações sobre boa parte dos estudos de casos propostos. Para alguns casos é exibida resposta e/ou comentário sobre a solução e para outros não é dada a solução, cabendo ao construtor discutir com colegas a solução encontrada. Não são soluções únicas, portanto admitem variações, mas servem como instrumento de construção e verificação da aprendizagem.

Recomendamos que as soluções sejam vistas e analisadas apenas após a construção da própria solução do leitor, no sentido de exercitar a capacidade de análise, baseada na capacidade de abstração e interpretação da "realidade" exposta.

13.1 Solução do caso 01

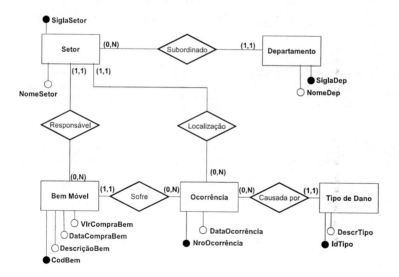

Figura 13.01: Solução do estudo de caso 01

Dicionarização

Ocorrência: É o registro de um fato ocorrido com um determinado bem móvel da empresa causado por um tipo de dano qualquer.

180 • Modelagem Lógica de Dados: construção básica e simplificada

Tipo de Dano:	*Motivo que pode causar uma ocorrência com um determinado bem móvel da empresa.*
Localização:	*Indica em qual setor da empresa uma determinada ocorrência aconteceu, baseado no setor responsável pelo bem na época da ocorrência.*
Sofre:	*Indica qual o bem móvel referente a uma ocorrência registrada.*
DataCompraBem:	*Valor em reais (R$) pelo qual o bem foi adquirido.*
NroOcorrência:	*Número que identifica cada ocorrência registrada.*

Comentários:

Para cada estudo de caso apresentado, uma boa forma de verificar se o diagrama ER construído atende ao contexto é, a partir das necessidades de informações descritas, fazer uma verificação sobre o modelo no sentido de checar se elas podem ser obtidas e se o modelo atende às regras impostas pelo contexto. Sendo assim, para este primeiro estudo de caso vamos fazer a análise de cada uma das necessidades de informação e a confrontação do DER com o contexto.

- Dado um bem móvel, qual a sigla e o nome do setor responsável pelo bem
Com o código do bem é possível obter o setor responsável pelo bem através do relacionamento Responsável. Identificado o setor, identificamos suas características, entre elas o seu nome.

- Dado um bem móvel, qual a sigla e nome do departamento ao qual o setor responsável pelo bem está subordinado
Conhecendo o setor responsável pelo bem podemos caminhar pelo relacionamento "Subordinado" e obtermos o departamento do setor em questão e seus atributos.

É importante observar que não se faz necessária a criação de uma associação (relacionamento) entre "BEM" e "DEPARTAMENTO". Ao identificarmos o setor responsável pelo bem (relacionamento "Responsável")

Capítulo 13 CASOS: soluções e considerações ▪ **181**

temos que cada setor aponta em uma relação de subordinação para um único departamento. Logo, dado um bem conseguimos identificar seu setor responsável e pelo setor conseguimos identificar o departamento acima, sem necessidade de criação de nova associação "Bem-Departamento".

Uma eventual criação da ligação "Bem-Departamento" poderia nos levar a um problema de inconsistência, com o Setor apontando para um Departamento "<u>A</u>" (por exemplo) e o Bem desse Setor apontar para um Departamento "<u>B</u>", diferente. Essas análises são importantes para tornarem o modelo consistente e não sujeito a erros de informação.

- Quais as ocorrências já havidas com um bem móvel e as datas destas ocorrências.

Cada ocorrência corresponde a um fato acontecido com um determinado bem. Sendo assim, cada ocorrência diz respeito a um único bem móvel, que pode, ao longo de sua existência, sofrer várias ocorrências. Através do relacionamento Sofre podemos, então, obter essa informação requerida.

- Quais os bens móveis existentes na empresa (descrição de cada bem), e as respectivas: data de compra e valor de compra.

Informação obtida diretamente sobre os atributos da entidade "BEM".

- Dado um setor, quais as ocorrências já havidas sob responsabilidade do mesmo.

Essa informação, neste momento de aprendizagem, requer uma análise cuidadosa. A princípio podemos raciocinar da seguinte forma: pelo relacionamento "RESPONSÁVEL" somos capazes de conhecer todos os bens sob responsabilidade de um determinado setor. Logo, seria admissível, sem uma análise cuidadosa do contexto, afirmar que, se conheço os bens de um setor posso descobrir as ocorrências desse bem (pelo relacionamento "SOFRE") e responder à necessidade de informação requerida.

Entretanto, a relação "RESPONSÁVEL" nos informa os atuais bens do setor e não bens que já passaram pelo setor. Para melhor explicar, vamos supor a seguinte situação:

- Um bem de código B1 está sob responsabilidade de um setor de sigla S1. Esse bem B1 sofre um problema qualquer causando um ocorrência O1. Logo, a ocorrência O1 aconteceu no setor ou sob responsabilidade do setor

182 • Modelagem Lógica de Dados: construção básica e simplificada

S1. Continuando, imaginemos que o mesmo bem B1 fosse agora (após o fato O1 acontecido) remanejado para o setor S6, mudando sua relação de responsabilidade.

Se utilizarmos uma análise análoga à dada para a informação de número 2(dois) do estudo de caso, afirmaríamos que se bem B1 está sob responsabilidade do setor S6, então a ocorrência O1 já havida anteriormente com B1 é de responsabilidade ou aconteceu em S6. Essa aplicação de raciocínio iria nos levar a uma informação falsa, ou seja, O1 (ocorrência havida com o bem B1) aconteceu quando B1 estava sob cuidados do setor S1 e não do seu atual setor S6. Como o contexto abre a possibilidade de um bem móvel mudar de setor responsável, não podemos utilizar essa linha de raciocínio para dar a informação aqui requerida.

Dessa forma, para obtermos essa informação temos necessariamente que manter uma associação entre o setor atual do bem e a ocorrência, definindo (pelo relacionamento "Localização") onde efetivamente a ocorrência aconteceu. Com isso o bem B1 de nosso exemplo pode mudar de setor responsável infinitas vezes durante sua existência, mas a ocorrência O1 do exemplo sempre ficará associada ao setor S1 (responsável pelo bem quando houve a ocorrência).

Não se trata de redundância, mesmo que assim pareça enquanto perdurar o bem no mesmo setor. Trata-se, na verdade, de modelar o contexto com todas as reais possibilidades dos fatos.

- Dada a identificação de um tipo de dano, quais ocorrências foram originadas pelo mesmo.
Informação obtida pelo relacionamento "CAUSADO POR".

13.2 Solução do caso 02.

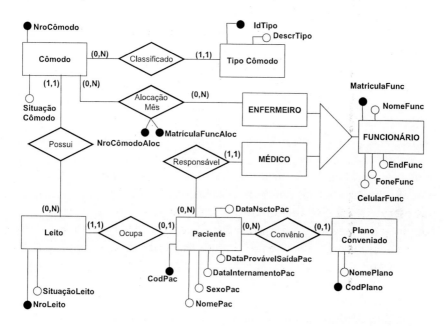

Figura 13.02: Solução do estudo de caso 02

Dicionarização

Cômodo Espaço físico onde são colocados os leitos do hospital.

Leito É o local físico ocupado por uma paciente do hospital.

AlocaçãoMês Define o cômodo ao qual um enfermeiro do hospital está associado na escala de atendimento do mês corrente.

Responsável Define o médico do hospital responsável pelo internamento do paciente.

SituaçãoCômodo Indica se o cômodo está em operação(=1), manutenção(=2) ou desativado(=3).

SituaçãoLeito Indica se o leito está desocupado (=0) ou ocupado (=1).

Comentários:

O relacionamento "Alocação" define a escala de alocações de enfermeiros por cômodo para o mês corrente. Por ser muitos:muitos e existir a necessidade da informação sobre essa escala mensal, foi feita a representação do atributo-chave. Pelo atributo-chave, cada instância do relacionamento é identificada pela união do "*Número do Cômodo*" com a "*Matrícula do Enfermeiro*" (NroCômodo+MatrículaEnf), cuja combinação não se repete para mais de uma instância alocação.

Enfermeiro e Médico são funcionários do hospital. Estão representados por 2 categorias especializadas relativas à entidade "FUNCIONÁRIO". É admissível a representação das duas categorias como entidades separadas, mas nesse caso a especialização é bem aplicada.

A criação da entidade "TIPO DE CÔMODO" pode ser vista como não necessária, sendo substituída pela colocação de um atributo ("*TipoCômodo*") na entidade "CÔMODO". A construção sem essa entidade deixa o modelo menos flexível, pois a descrição de cada tipo de cômodo precisaria ser inserida também em cômodo, repetindo-se essa descrição para todos os cômodos que fossem do mesmo tipo. É um caso típico de análise de identificação entre termos um atributo ou termos uma nova entidade para associação. O bom senso e a flexibilidade como princípios ajudam sobremaneira para uma decisão mais apropriada.

13.3 Solução do caso 03.

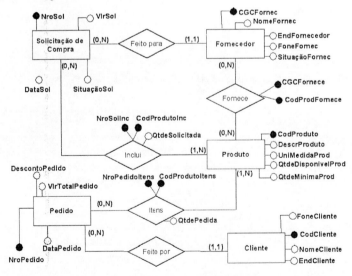

Figura 13.03: Solução do estudo de caso 03

Dicionarização

Pedido	*É o registro de um pedido feito por um determinado cliente.*
Solicitação de Compra	*É o registro de uma solicitação de compra feita pela AgroBom para um determinado fornecedor.*
Itens	*Relacionamento que define cada um dos produtos inseridos em um determinado pedido.*
Fornece	*Relacionamento que indica produto fornecido por fornecedor.*
DescontoPedido	*Valor de desconto dado para o pedido.*
QtdePedida	*Quantidade pedida de um produto em um pedido.*

Comentários:

O atributo *"QtdePedida"* (relacionamento "Itens") deve obrigatoriamente ser colocado no relacionamento haja vista que para cada produto inserido em cada pedido temos uma quantidade pedida diferente de outro produto. Igual análise deve ser feita para o atributo *"QtdeSolicitada"* no que diz respeito a "Produto" e "Solicitação de Compra".

O nome do relacionamento Itens pode parecer pouco adequado por não traduzir uma ação. Porém, em alguns casos não há necessidade de se atribuir um nome de ação, colocando-se nome que busque identificar o que se está associando ou representando. No caso, ele representa os itens de um pedido, que são os produtos incluídos em cada um dos pedidos feitos. Seria possível a denominação "Inclui", desde que a mesma já não tivesse sido utilizada em outro relacionamento.

13.4 Solução do caso 04.

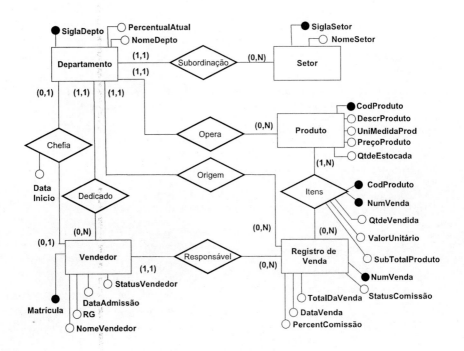

Figura 13.04: Solução do estudo de caso 04

Dicionarização

Registro de Venda   É o registro de uma venda realizada por um vendedor.

Produto   Item comercializado pela loja.

Origem   Indica em qual departamento um Registro de Venda foi realizado

Itens   Indica quais os Produtos estão inseridos em um Registro de Venda.

PercentComissão   Indica qual o percentual de comissão a ser pago ao vendedor, de acordo com o percentual da época do Registro de Venda

PercentualAtual *Aponta qual o atual percentual de comissão pago pelo departamento para cada venda efetuada.*

Comentários:

Em relação às necessidades de informação elencadas:

- Relação dos vendedores da loja e nome do departamento em que está alocado:

A relação de vendedores é obtida a partir da entidade "VENDEDOR". O nome do departamento ao qual está alocado obtém-se pelo relacionamento "Dedicado".

- Quais são os departamentos da loja (sigla e nome) e com quais produtos cada um opera:

São obtidos a partir da entidade "DEPARTAMENTO" e do relacionamento "Opera".

- Dada a matrícula de um vendedor, listar as vendas efetuadas por ele para um período entre 2 datas:

Informação obtida a partir do relacionamento "Responsável".

- A partir de um registro de venda identificar quais produtos foram vendidos, em que quantidade, o subtotal por produto e qual o preço de venda total do Registro:

Os produtos incluídos em uma venda são identificados pelo relacionamento Itens. A quantidade e o subtotal devem ser colocados no relacionamento, pois, para cada Produto de um Registro de Venda (Itens), temos uma quantidade e subtotal próprios. O preço de venda total do Registro de Venda é um atributo desse, representando o somatório dos subtotais de cada item.

- Qual a quantidade existente de cada produto no estoque da loja e o respectivo preço atual de venda:

Atributos que caracterizam cada Produto.

- Qual o departamento com maior volume de vendas por mês (em reais):

Informação obtida a partir dos "Registros de Vendas" e o relacionamento "Origem". Dado um determinado mês e ano, selecionam-se os Registros de Venda cujas datas de venda encaixam-se no mês e ano solicitados. Com o relacionamento "Origem" é possível agrupar os Registros de Venda por departamento para obtenção da informação necessária.

- Relatório mensal de vendas efetuadas e comissões pagas por departamento (com detalhes de cada venda):
Informação obtida de forma análoga à anterior.

- Dado um vendedor, identificar se ele é chefe de departamento e a partir de que data:
O relacionamento "Chefia" permite identificar para cada Departamento qual é o Vendedor chefe do deparatmento. O atributo *data-início* caracteriza quando se iniciou essa relação de chefia. Trata-se de um relacionamento um:um, pois apenas a chefia atual está indicada. Se fosse necessária a informação sobre quais foram os vendedores chefes de cada departamento ao longo do tempo, esse relacionamento modificaria para cardinalidades um:muitos ou muitos:muitos, dependendo das eventuais necessidades de informação requeridas.

Complementarmente, é interessante ainda observar:

O relacionamento "Origem" pode parecer desnecessário em uma primeira análise. Para sabermos em qual "Departamento" um "Registro de Venda" foi realizado poderíamos pensar em dois caminhos. Primeiramente a partir do "Vendedor", isto é, se é conhecido o vendedor daquele *Registro de Venda* (relacionamento "Responsável") e o *Departamento* em que o mesmo está alocado (relacionamento "Dedicado"), pode-se supor que a informação requerida possa ser obtida, de forma indireta, a partir destes 2 relacionamentos (sabe-se o Vendedor e partir dele identifica-se o Departamento).

Entretanto, cabe lembrar que no momento daquele *Registro de Venda* esse fato é verdadeiro, porém, um *Vendedor* pode mudar de departamento (modifica-se a alocação) e, assim sendo, não haverá mais relação entre onde foi originada a venda (em qual *Departamento*) e o atual *Departamento* do Vendedor que executou a venda em questão.

De forma análoga pode-se pensar na obtenção da informação a partir dos relacionamentos "Itens" e "Opera". Entretanto, aqui também um ou todos os produtos inseridos em um *Registro de Venda* podem não ser mais operados pelo mesmo departamento.

Logo, o registro histórico da origem do *Registro de Venda* necessita ser feito mediante o relacionamento "ORIGEM".

Quanto ao percentual de comissão, cada departamento tem autonomia para definir quanto pagará, motivo pelo qual o percentual de comissão a ser pago pelo departamento está como atributo da própria entidade *Departamento* (*"PercentualAtual"*). Nesse sentido podem surgir dúvidas quanto ao motivo do atributo "*PercentComissão*" estar inserido também em "REGISTRO DE VENDA". Justifica-se tal atributo pelo fato de que o percentual de comissão pode mudar ao longo do tempo e o valor atual (*"PercentualAtual"*) não corresponder ao percentual pago no momento da efetivação da venda. Sendo assim, é preciso registrar-se o valor percentual no momento da venda, não se perdendo essa informação em caso de modificações posteriores no valor de comissão estabelecido por um departamento qualquer.

13.5 Solução do caso 05.

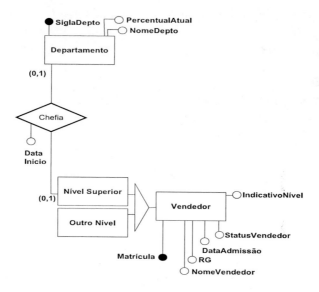

Figura 13.05: Solução inicial do estudo de caso 05

Comentários:

Para caracterizar que apenas vendedores com nível superior podem assumir chefia foi feita a especialização de acordo com o nível de escolaridade, sendo necessária a colocação do atributo *"IndicativoNível"*.

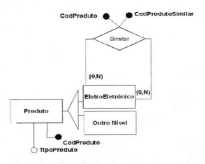

Figura 13.06: Solução do estudo de caso 05

Comentários:

A especialização de acordo com o *"TipoProduto"* é feita para caracterizar que o autorelacionamento "SIMILAR" é aplicável apenas para os produtos eletroeletrônicos. O autorelacionamento indica que um produto pode ter nenhum ou vários similares e vice-versa. Sendo assim, o atributo-chave *"CodProduto"* é duplicado onde, na relação, o primeiro representa um produto sobre o qual se pesquisa a existência de similares e o segundo *"CodProduto"* aponta um produto similar.

13.6 Solução do caso 06.

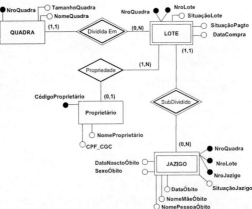

Figura 13.07: Solução do estudo de caso 06

Dicionarização

Lote — *É um lote de quadras do Cemitério Jardim Esperança.*

Proprietário — *Pessoa Física ou Pessoa Jurídica proprietária de pelo menos 1(um) lote do CJE.*

Propriedade — *Relação que indica quem é o proprietário de determinado lote.*

Subdividido — *Relação que define quais são os jazigos pertencentes a um determinado lote.*

NomePessoaÓbito — *Nome da pessoa que está enterrada em um determinado jazigo.*

TamanhoQuadra — *Indica a metragem quadrada de uma quadra.*

Comentários:

Nesse caso, o ponto mais importante diz respeito à identificação do atributo-chave das entidades. A relação entre "QUADRA" e "LOTE" é uma relação de entidade-fraca, assim como a relação entre "LOTE" e "JAZIGO". Dessa forma, o atributo-chave de "LOTE" herda o atributo-chave de "QUADRA" e o atributo-chave de "JAZIGO" herda o atributo-chave de "LOTE".

Analisando as necessidades de informação expostas temos:

- Quais são as quadras existentes no CJE (número e nome), qual a metragem de cada quadra e quantos jazigos estão ocupados nesta quadra:
A identificação de quantos jazigos estão ocupados pode se dar de forma direta caso fosse feita a inserção de um atributo na própria entidade "QUADRA", cujo valor seria incrementado a cada nova ocupação de jazigo. Porém, essa informação pode ser obtida através das relações "Dividida Em" e "Subdividido". A partir da quadra identificamos cada um dos lotes a ela associados e para cada lote temos os correspondentes jazigos e respectiva situação de ocupação.

- Dado o CPF/CGC de um proprietário, qual seu nome dele e seus lotes, indicando: data de compra e situação de pagamento:
Informação que pode ser obtida pelo relacionamento "Propriedade". O nome caracteriza o proprietário e pela relação identificamos seus lotes e respectivos dados. Ressalta-se que não é necessário que tenhamos em

"LOTE" um atributo que identifique CPF/CGC do proprietário haja vista que o próprio relacionamento "Propriedade" é quem define essa associação. Implementar fisicamente esse atributo pode ser, ou não, a solução ou a melhor solução. Entretanto, ressalta-se que isso passa a ser um problema de implementação de um banco de dados, que depende das características do SGBD a ser escolhido, fato que extrapola o objetivo deste livro, cujo escopo limita-se a uma análise lógica e conceitual do modelo de dados a ser criado.

– Dada a identificação de um jazigo, saber se esse está ocupado, qual o nome da pessoa enterrada nele, sexo, data de óbito e data de nascimento:

Nesse caso, não se faz necessária a representação de uma nova entidade ("Óbito", por exemplo). Os dados caracterizam o próprio jazigo e, no contexto analisado, não há necessidade de representação de dados de óbito como isolados.

– Dado o nome da mãe de uma pessoa, saber jazigo, lote e quadra ela está sepultada:

Essa informação é obtida a partir do atributo *"NomeMãeÓbito"*. Do conjunto "JAZIGO" pode-se selecionar o(s) elemento(s) cujo *"NomeMãeÓbito"* coincida com o desejado e consequentemente identifica pelo atributo-chave a identificação de jazigo, lote e quadra.

13.7 Solução do caso 07.

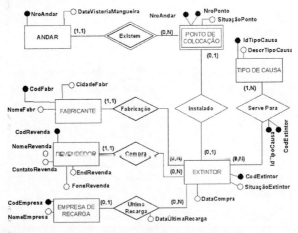

Figura 13.08: Solução do estudo de caso 07

Capítulo 13 CASOS: soluções e considerações • **193**

Dicionarização

Ponto de Colocação	*Espaço físico marcado e reservado para a colocação de um extintor de incêndio*
Empresa de Recarga	*Empresa que realizou recarga em extintor do condomínio.*
Última Recarga	*Indica qual foi a empresa que fez a última recarga de um determinado extintor.*
Instalado	*Relação que define qual o extintor colocado em um ponto de colocação.*
SituaçãoPonto	*Indica se o ponto de colocação está ocupado ou desocupado.*
DataÚltimaRecarga	*Data que define a última vez que um determinado extintor foi recarregado.*

Análise:

Em relação ao modelo, ressalta-se de início a existência da entidade fraca "PontoDeColocação" em relação ao "ANDAR", haja vista a lei de formação adotada para a identificação de cada ponto de colocação.

É necessário representar a entidade andar em função da informação requerida sobre cada ponto de mangueira existente em cada andar (data da última vistoria).

Caso essa informação não fosse de interesse, não haveria necessidade de representação da entidade "ANDAR" e, neste caso, a entidade "PONTO DE COLOCAÇÃO" seria representada como entidade comum, embora a lei de formação do número de ponto de colocação permanecesse a mesma.

Para esclarecer como a identificação do ponto de colocação se daria, o mais recomendado seria, na ausência da entidade "ANDAR", o uso do dicionário de dados como fonte complementar de informação.

Quanto ao relacionamento "Instalado", salientamos a cardinalidade e grau de relacionamento (um para um), sem obrigatoriedade de ambos os lados. Isso porque um ponto de colocação pode estar vazio ou ocupado e, nesse caso, por apenas um extintor. No sentido inverso, um extintor pode estar instalado em um único ponto, mas também pode não estar instalado (de acordo com a sua situação).

Quanto à análise das necessidades de informação expostas:

– Dado um extintor, saber seu fabricante (nome e cidade):

Informação obtida pelo relacionamento "FABRICAÇÃO". As cardinalidades foram definidas tendo em vista que, pelo contexto apresentado, antes

194 • Modelagem Lógica de Dados: construção básica e simplificada

de se catalogar um determinado extintor, deve-se catalogar o seu fabricante, o que pode causar que o primeiro extintor daquele fabricante ainda não esteja associado a extintor. De forma análoga, é possível que ao excluir extintores fique um fabricante sem associação com extintores, permanecendo, entretanto no conjunto de fabricantes catalogados.

- Dado um extintor, saber onde o mesmo foi comprado (nome do revendedor, endereço, fone, nome da pessoa para contato) e quando foi comprado;

A *"data da compra"* é um atributo que caracteriza a compra. Sendo assim, este dado originalmente caracteriza a relação "COMPRA". Contudo, é também possível analisarmos esse atributo como uma característica do extintor. Levando em consideração a cardinalidade exposta, optou-se por colocar na própria entidade "EXTINTOR". Quanto aos dados do revendedor, os mesmos são obtidos pelo relacionamento "COMPRA", que associa o extintor ao seu revendedor.

- Quais são os extintores existentes para cada tipo de causa de incêndio

Esta informação é obtida através do relacionamento "ServePara". Trata-se um relacionamento muitos:muitos, onde cada extintor serve para pelo menos uma causa de incêndio.

- Quais são os pontos de colocação existentes no prédio e a localização (andar) de cada um deles e a situação de cada ponto (ocupado/desocupado);

Esta informação é caracterizada pelos dados da entidade "PONTO DE COLOCAÇÃO".

- Qual a localização de cada extintor, (número do ponto de colocação) ou se ele está em uma condição de manutenção (identificar a situação)

Informação obtida através do relacionamento Instalado e o atributo de *"SituaçãoExtintor"*.

- Quais as empresas de recarga (nome e endereço) que já recarregaram extintores

As empresas de recarga estão contidas no conjunto "EMPRESA DE RECARGA". Pela própria definição no dicionário, esse conjunto contém as instâncias de empresas de recarga que já recarregaram pelo menos 1

Capítulo 13 CASOS: soluções e considerações • 195

extintor. Essa informação independe da relação "ÚLTIMA RECARGA" que abrange uma outra informação requerida.

- Quando foi a última data de recarga de cada extintor, bem como a empresa que recarregou por último cada extintor.

Antes de analisarmos esta necessidade de informação, vamos supor que as necessidades de informação da gestão condominial não incluíssem saber quem recarregou por último um determinado extintor, exigindo tão somente conhecer empresas de recarga que recarregaram para o condomínio, sem a necessidade de associá-las aos extintores. Neste caso, se a necessidade de informação parasse no item anterior (item 6 elencado) o relacionamento "Última Recarga" seria desnecessário, causando uma situação em que uma entidade ("EMPRESA DE RECARGA") não estaria associada a nenhuma outra entidade. Essa situação de não associação de uma entidade com outras é factível, presente nos casos reais, embora sempre possa parecer estranha. Contudo, no caso específico exposto aqui, está sendo exigida ainda a informação sobre a última recarga de cada extintor. Sendo assim, faz-se então necessária a inserção do relacionamento "Última Recarga", de acordo com a solução exposta. No caso, é importante observar que um extintor qualquer pode não estar ligado à empresa de recarga (não obrigatoriedade). Este cenário é motivado pelo fato de que nem todo extintor já foi recarregado.

Quanto ao atributo *"DataÚltimaRecarga"*, que expõe quando este fato ocorreu, o mesmo caracteriza o relacionamento (e evento) "ÚLTIMARE-CARGA", ficando, no sentido mais puro da modelagem ER no próprio relacionamento. Entretanto, podemos dar a ela o mesmo tratamento dado para o atributo *"DataCompra"* conforme análise anterior.

Ainda sobre esse relacionamento, podemos questionar porque a cardinalidade ser como apresentado e não ser um relacionamento muitos:muitos. Para isso, é preciso atentar para o fato de que a necessidade de informação requerida diz respeito apenas à ultima recarga e não a todas as recargas que foram realizadas ao longo do tempo.

13.8 Solução do caso 08.

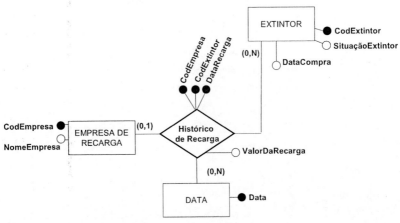

Figura 13.09: Solução inicial do estudo de caso 08

Análise:
Em relação ao modelo solução do caso anterior foi desenhada apenas a parte do modelo que sofreu modificação, considerando, portanto, que todo o restante do modelo continua da mesma forma. Sendo assim, apenas o relacionamento referente à recarga de extintores foi modificado. No caso anterior, a necessidade de informação colocada dizia respeito apenas quanto à última recarga realizada, implicando na construção exposta. No novo caso, a informação diz respeito a todas as recargas realizadas, traçando tipicamente o histórico de recargas realizadas.

Usando os conceitos de representação de fatos históricos, representamos a solução como um relacionamento ternário "EXTINTOR-DATA--EMPRESA". Na solução há uma restrição no sentido de que o mesmo extintor, para uma mesma data, somente poderá ser recarregado uma única vez. Sem essa restrição é necessário adicionar ao componente tempo exposto (no caso Data) o componente Hora, permitindo mais de uma recarga do mesmo extintor pela mesma empresa em uma mesma data. A opção por não permitir foi apenas hipotética.

Também é possível reconstruir a solução acima transformando-a em uma solução binária e não mais ternária conforme Figura a seguir:

Capítulo 13 CASOS: soluções e considerações ▪ 197

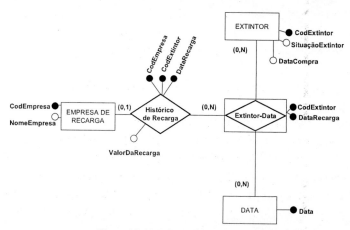

Figura 13.10 Solução do estudo de caso 08

13.9 Solução do caso 09

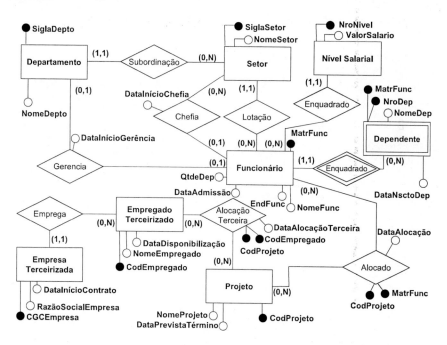

Figura 13.11: Solução do estudo de caso 09

198 • Modelagem Lógica de Dados: construção básica e simplificada

Dicionarização

NívelSalarial — *Nível de salário definido pelo plano de cargos e salários da empresa*

Empresa Terceirizada — *Empresa que presta serviços terceirizados para a FazTudo.*

Data Alocação Terceira — *Indica a data a partir da qual um empregado de empresa terceirizada foi alocado a um determinado projeto.*

Valor Salário — *Valor do salário para um determinado nível salarial.*

Alocação Terceira — *Define a alocação de um empregado de terceirizada em uma projeto.*

Enquadrado — *Define em que nível salarial um funcionário está enquadrado.*

Análise:

Vamos analisar a solução adotada diante das necessidades de informações expostas e o cenário descrito.

- Nome, endereço, data de admissão e quantidade de dependentes de cada funcionário:

Informação obtida diretamente na entidade "FUNCIONÁRIO". No caso, o atributo *"quantidade de dependentes"* poderia ser abolido, haja vista que esta informação pode ser obtida a partir do número de relações existente entre funcionário e dependente (relacionamento "Dependência"). Colocar ou não este atributo passa a ser uma alternativa para quem modela.

- Departamentos existentes na empresa e respectivos setores (sigla e nome):

Os departamentos existentes estão representados pela entidade "DEPARTAMENTO" e a subordinação dos setores a cada um deles, está subordinada pelo relacionamento "Subordinação".

- Dada a matrícula de um funcionário, saber o nome do setor onde ele está lotado:

Informação dada pelo relacionamento "Lotação", com o nome sendo obtido na entidade "SETOR".

Capítulo 13 CASOS: soluções e considerações ▪ **199**

– Funcionário alocados aos projetos (nome, data de admissão e data de alocação):

Os funcionários que estão alocados a projetos são identificados a partir do relacionamento "Alocado". Importante perceber que não há obrigatoriedade de participação em ambos os lados do relacionamento. Isto porque o contexto permite que um funcionário não esteja alocado a projetos e a existência de um projeto não implica necessariamente que o mesmo já tenha funcionários alocados a ele, ou seja, o projeto já existe formalmente, porém não conta em determinado momento com funcionários a ele alocados. Quanto à *"data de admissão"*, essa caracteriza o funcionário, não variando por projeto. Por outro lado, a *"data de alocação"* depende diretamente da relação entre "FUNCIONÁRIO" e "PROJETO". Para cada funcionário de cada projeto podemos ter uma data diferente de alocação e também no sentido inverso podemos ter o mesmo funcionário alocado em diferentes projetos em datas distintas.

– Empregados terceirizados alocados aos projetos (nome e data de alocação):

Os dados referentes aos empregados terceirizados estão na entidade "EMPREGADO TERCEIRIZADO". Saber quais são os empregados terceirizados alocados aos projetos é possível pelo relacionamento "Alocação Terceira". Nesse contexto, é importante salientar que funcionários da empresa FazTudo foram representados em um conjunto ("FUNCIONÁRIO") distinto dos empregados das empresas terceirizadas ("EMPREGADO TERCEIRIZADO"). Essa separação é mais adequada por se tratar de dois objetos bem distintos do ponto de vista de definição, natureza dos atributos e dos relacionamentos nos quais estão envolvidos. Optar por representar ambos em uma mesma entidade não seria uma opção adequada.

– Empresas terceirizadas que possuem contrato com a FazTudo e quais são os seus empregados que estão à disposição da FazTudo:

As empresas terceirizadas estão representadas pela entidade "EMPRESA TERCEIRIZADA" e caracterizadas pelos seus atributos. A identificação de quais são seus empregados se dá pelo relacionamento "Emprega". A data de início da disponibilização é única para o empregado terceirizado, haja vista que o mesmo só pode estar a disposição da FazTudo por intermédio de uma única empresa terceirizada, motivo que justifica a não colocação do atributo no relacionamento e sim na própria entidade.

200 • Modelagem Lógica de Dados: construção básica e simplificada

- Chefes de setores (nome, matrícula, data de admissão e início da chefia):
O relacionamento "Chefia" aponta para os funcionários que são chefes. A *"data de início da chefia"* caracteriza o relacionamento, por isso sua colocação no próprio relacionamento. Já a *"data de admissão"* independe de chefia, caracterizando cada funcionário. Em relação à obrigatoriedade, é possível ter-se um setor sem funcionário chefiando. Mesmo que seja uma situação provisória, temporária, devemos modelar a real possibilidade do contexto.

- Gerentes de Departamento (nome, matrícula, data de admissão e data de início da gerência):
Nesse caso, vale ressaltar a cardinalidade diferente do relacionamento chefia. No caso das chefias, é admitido o acúmulo de chefias, fato representado no relacionamento "Chefia" pela cardinalidade (0,N). Já no caso da gerência, o texto restringe o acúmulo de gerências. Sendo assim, um funcionário exercendo a gerência não pode exercê-la em mais de um departamento.

- De cada funcionário saber: nome, salário, nome dos dependentes e data de nascimento dos dependentes
O nome de cada funcionário caracteriza diretamente o funcionário, fato representado pelo atributo *"NomeFunc"*. Para salário, entretanto, o que define o salário de um funcionário é o nível salarial em que ele se encontra. Nesse caso, o salário não é definido por funcionário mas sim por nível salarial. Logo, ao associar "FUNCIONÁRIO" e "NÍVEL SALARIAL" (relacionamento "Enquadrado") estamos caracterizando o seu nível salarial e consequentemente determinando seu salário. Dessa forma, nível salarial representa exatamente cada um dos níveis salariais existentes, como se fosse uma tabela de níveis salariais, tão comum nas organizações.

Em relação aos dependentes, a opção por uma representação de entidade fraca se dá pela identificação unívoca de cada dependente a partir da matrícula do funcionário ao qual ele está associado (relacionamento "Dependência").

Sendo assim, um dependente terá como atributo de identificação a *"matrícula do funcionário"* e mais um número sequencial qualquer, que permite diferenciar os dependentes de cada funcionário. Caso o contexto solicitasse apenas a quantidade de dependentes e não dados referentes a cada dependente, essa entidade "DEPENDENTE" poderia ser descartada. Entretanto, o contexto exige informações sobre os dependentes, forçando a criação da respectiva entidade.

13.10 Solução do caso 10

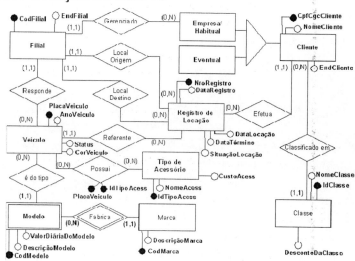

Figura 13.12: Solução do estudo de caso 10

Dicionarização

Registro de Locação	Representa uma locação efetuada, podendo ter sido finalizada ou ainda estar em curso
Tipo de Acessório	Define um tipo de acessório que pode ser colocado em um veículo. Ex: ar, DVD, som,....)
Situação Locação	Indica se a locação está em andamento (A) ou já finalizada (F)
CustoAcess	Valor adicional a ser cobrado pelo acessório ao final de uma locação
Possui	Determina quais são os acessórios que um veículo possui
LocalDestino	Define a filial onde o veículo será devolvido

Análise:
Vamos analisar a solução adotada a partir das necessidades de informações expostas e o cenário descrito.

202 • Modelagem Lógica de Dados: construção básica e simplificada

- Quais são as locações em andamento (Número de Registro da Locação, nome do cliente, endereço do cliente, data da locação e data prevista de término da locação):

As locações em andamento estão contidas no conjunto de locações representadas pela entidade "REGISTRO DE LOCAÇÃO", caracterizada pelo número e pela data da locação e de término prevista. A definição do cliente (e seus dados) é dada pelo relacionamento "Efetua". Um mesmo cliente pode ao longo do tempo ou ao mesmo tempo efetuar mais de um registro de locação.

- Custo adicional básico por tipo de acessório (nome do acessório e valor):

Cada Tipo de Acessório acrescenta um valor fixo à locação, independente de qual seja o veículo e de quantas diárias sejam locadas. Este valor é definido pelo atributo CustoAcess.

- A partir da placa de um veículo identificar: modelo, cor, ano e tipos de acessórios existentes no mesmo:

Dados do próprio veículo (modelo, cor, ano) e tipos de acessórios que possui (relacionamento "Possui"). É importante observar que um veículo pode ter ou não acessórios e que este fato não é caracterizado pelo modelo do veículo, ou seja, para um mesmo modelo podemos ter veículos com diferentes tipos de acessórios.

- A partir do CPF ou CGC de um cliente, qual seu nome, endereço, quais são os automóveis que estão locados para o mesmo e qual a filial responsável por aquele cliente (caso o mesmo seja do tipo empresa ou habitual);

Aqui o mais significativo é definir inicialmente quais são os veículos locados para um cliente. Essa informação não requer uma associação direta entre CLIENTE e VEÍCULO, haja vista que a partir da identificação do Cliente temos facilmente a identificação de todos os Registros de Locação a ele associados (bem como sua situação – encerrado ou não). Identificado um Registro de Locação temos pelo relacionamento "Referente" qual o veículo envolvido. Sendo assim, essa necessidade de informação se dá através do caminho Cliente-Efetua-Registro de Locação-Referente-Veículo.

A filial responsável pelo cliente é aquela definida pelo relacionamento Gerenciado. Perceba que não necessariamente a mesmo filial onde o Registro de Locação ocorreu (relacionamento Local Origem) é a filial responsável pelo Cliente (relacionamento Gerenciado)

Capítulo 13 CASOS: soluções e considerações ▪ 203

– Qual o custo básico de locação diária de cada veículo;
Definido não pelo veículo, mas sim pelo modelo do veículo (atributo ValorDiáriaDoModelo).

– Dada uma classe de cliente, qual o nome da classe e clientes enquadrados na mesma.
Informação obtida pelo relacionamento "Classificado Em". É importante observar que quem está categorizado em Empresa/Habitual e Eventual é o cliente e não a classe. Essa categorização ocorre para que se demonstre claramente que apenas um subconjunto específicos de clientes tem relacionamento com Filial.

– Dado o número de uma filial, em que cidade ela está localizada, seu endereço, telefone e veículos sob sua responsabilidade:
Neste caso, supomos que o endereço já tenha a cidade de localização da filial. Quanto aos veículos sob responsabilidade da filial, os mesmos são identificados através do relacionamento "Responde".
– Dado um modelo, quais são os veículos deste o modelo e respectiva marca:
São informações obtidas pelos relacionamentos "É do Tipo" e "Fabrica". Vale observar que ao associarmos o Veículo ao Modelo (relacionamento "É do Tipo") e esse à Marca (relacionamento "Fabrica"), somos capazes de responder às duas necessidades de informações expostas. Entretanto, é comum o erro baseado na construção de dois relacionamentos distintos e que associam diretamente o veículo ("Veículo-Modelo") e ("Veículo-Marca"). Embora estes dois relacionamentos pudessem atender às necessidades de informações descritas, não saberíamos diretamente identificar qual a marca de um determinado modelo e, paralelamente, poderíamos cair em um erro de inconsistência, como ora um veículo de modelo gol, por exemplo, estar associado à correta marca VW e em outro momento, a partir de outro veículo de mesmo modelo, esse estar associado incorretamente à marca GM, por exemplo. Sendo assim, é importante salientar que as necessidades de informações de um contexto não devem sobrepor a estrutura relacional dos objetos desse contexto de tal forma que permitam inconsistências nas bases de dados.

204 • Modelagem Lógica de Dados: construção básica e simplificada

– Quais são os veículos não locados e quando foram locados pela última vez:

Quais os veículos locados ou não locados podemos obter pelo atributo Status, de tal forma que ao ser locado esse status mudaria de valor e ao ser devolvido voltaria para a condição de liberados para nova locação. Quanto à identificação da última data de locação, pode-se efetuar uma varredura nos registros de locação associados a esse veículo (que estejam em situação de encerrados) e identificar a mais recente data de locação. Outra opção, que não foi adotada na solução, mas que é cabível, seria colocar no próprio veículo um atributo que apontasse para essa última data, de tal forma que essa só fosse modificada ao término de cada locação.

– Cidade da filial de origem de cada locação e da filial de destino de cada locação:

Levando em consideração que no atributo EndFilial (endereço da filial) temos a cidade como integrante do mesmo, estas duas informações podem ser obtidas, respectivamente, pelos relacionamentos "Local Origem" e "Local Destino". Convém lembrar que o fato de um veículo estar sob responsabilidade de uma determinada filial (relacionamento "Responde"), não significa necessariamente que será locado nesta filial. O contexto exposto permite a locação em uma filial qualquer onde o veículo esteja e a devolução em outra filial, localizada em outro município, exigindo a presença dos dois relacionamentos citados.

– Ao final de uma locação, o sistema deverá ser capaz de gerar a fatura para pagamento, discriminando todos os valores

Para gerar a fatura de uma locação é necessário saber o valor da diária do veículo, o prazo pelo qual o mesmo foi locado e o adicional a ser cobrado pelos acessórios que o veículo possui. A partir da identificação do registro de locação para o qual se deseja emitir a fatura pode-se identificar o veículo (relacionamento "Referente") e pelo veículo o seu modelo (relacionamento "É do Tipo"). Cada modelo possui seu próprio valor de diária. O prazo da locação é obtido pela data de locação e a data de fechamento da fatura. Dessa forma, o valor principal é obtido por (ValorDiáriaDoModelo ★ Prazo locado). Complementarmente é preciso calcular o adicional dos acessórios. Conforme o texto, cada Tipo de Acessório acrescenta um valor fixo à locação, independente de qual seja o veículo e de quantas diárias sejam locadas.

Saber quais são os acessórios que um veículo possui é, portanto, fundamental para definir o acréscimo final que será dado ao valor do registro de locação. Sendo assim, o atributo CustoAcess representa o custo adicional desse acessório que será posteriormente somado ao total da locação. O relacionamento "Possui" determina quais são os acessórios do veículo locado, permitindo que posteriormente seja feito o cálculo dos custos adicionais devido aos acessórios existentes no veículo.

13.11 Solução do caso 11

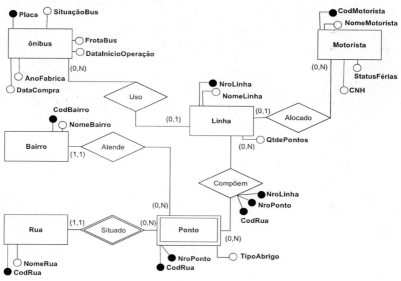

Figura 13.13: Solução do estudo de caso 11

Dicionarização

Linha	Linha de ônibus oferecida pela Viação Inferno.
Ponto	Ponto de ônibus pelo qual passa uma ou mais linhas da viação.
Tipo Abrigo	Indica se o ponto possui cobertura de abrigo ou não.
FrotaBus	Indica se o ônibus é da frota reserva ou não.
Uso	Determina em qual linha o ônibus está sendo usado.
Compõem	Define quais são os pontos de ônibus de uma determinada linha

206 ▪ Modelagem Lógica de Dados: construção básica e simplificada

Análise:
Analisando a solução adotada a partir das necessidades de informações e do cenário descritos.

- Quais são os ônibus existentes na empresa, com data de compra e ano de fabricação:
Informação que pode ser obtida a partir da entidade ônibus e seus atributos.

- Quais são as linhas operadas pela empresa (nome da linha, pontos de parada pelos quais passa e bairros que atende):
As linhas operadas pela empresa são as representadas pela entidade "LINHA". Os pontos de parada pelos quais a linha passa estão no relacionamento "Compõem". Os bairros atendidos pela linha são obtidos a partir de cada ponto de ônibus que compõe a linha. Identificando-se o ponto de ônibus, o modelo é capaz de informar qual o bairro o ponto atende.

De forma alternativa, seria possível pensar em uma solução com a existência da associação do Ponto com a Rua e dessa com o Bairro, podendo, hipoteticamente, descobrir os bairros atendidos por uma linha a partir da "sequência" Ponto-Rua-Bairro. Entretanto, uma mesma rua pode cruzar vários bairros durante sua longa extensão, que não necessariamente são atendidos por uma determinada linha que para em um ponto desta rua.

- Quais são os motoristas da empresa, em que linhas estão alocados e quais os dados pessoais de cada um (nome e CNH):
A entidade "MOTORISTA" indica quais são os motoristas e seus dados. A linha na qual cada motorista está alocado (ou não no caso dos que estão de férias) é dada pelo relacionamento "Alocado".

- Dado o nome de uma rua, quais linhas da empresa passam nela:
A partir de cada rua, identificamos os pontos de ônibus existentes nela (relacionamento "Situado"). Tendo a identificação de um ponto de ônibus, podemos identificar as linhas que por ele passam (relacionamento "Compõem") e consequentemente identificar as linhas que passam em uma determinada rua.

- Dada uma linha, quais são os ônibus que estão alocados para ela:

Informação obtida pelo relacionamento "Uso".

- Quais são os pontos de parada existentes e se cada um possui abrigo coberto ou não:
Os pontos de parada são representados pela entidade Ponto e o atributo TipoAbrigo indica se o ponto possui abrigo coberto ou não. No caso da entidade "PONTO", convém salientar que o atributo chave composto ("*CodRua+NroPonto*") procede em função da forma como os pontos são identificados, de acordo com o contexto dado.

- Quais são os ônibus da frota reserva que estão em uso e desde quando estão em uso:
A identificação se é um ônibus reserva se dá pelo atributo "*FrotaBus*". Já a data que demonstra desde quando que o ônibus está em operação se dá pelo atributo "*DataInícioOperação*".

13.12 Solução do caso 12

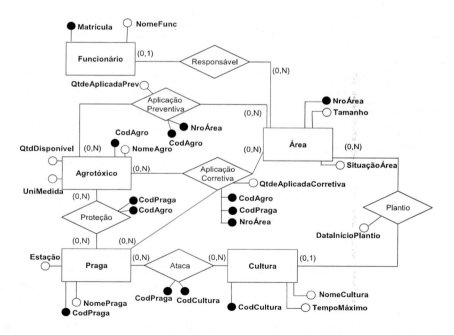

Figura 13.14: Solução do estudo de caso 12

Modelagem Lógica de Dados: construção básica e simplificada

Dicionarização

Área
Divisão de uma área de plantio da fazenda

Agrotóxico
Tipo de produto estocado para combate a pragas.

QtdeAplicadaCorretiva
Quantidade de um determinado agrotóxico que foi aplicado em uma área para combater uma determinada praga.

TempoMáximo
Tempo máximo em dias que uma determinada cultura pode permanecer em uma mesma área.

Aplicação Corretiva
Define o uso de um determinado tipo de agrotóxico em uma área para combater especificamente uma praga que estava incidindo na área.

Aplicação Preventiva
Define o uso ou aplicação preventiva de um agrotóxico em uma determinada área, independente da ocorrência ou não de uma praga.

Análise:

Analisando a solução adotada a partir das necessidades de informações e do cenário descritos.

- Dada a matrícula de um funcionário, saber seu nome e áreas sob sua responsabilidade.

Informação obtida a partir da entidade "FUNCIONÁRIO", seus atributos e o relacionamento responsável, que define quais as áreas estão sob responsabilidade desse funcionário. Nem toda área estará sob responsabilidade de algum funcionário, motivo da não obrigatoriedade (0,1) no relacionamento.

- Dado o número de uma área saber: tamanho, tipo de cultura que está plantada na área e quando esta cultura foi ali iniciada. Se estiver sem cultura plantada, indicar tal fato.

Todas estas informações são obtidas sobre a entidade "ÁREA", que define as áreas de plantio demarcadas e existentes na fazenda. Através do

Capítulo 13 CASOS: soluções e considerações ▪ **209**

relacionamento "Plantio" define-se qual o tipo de cultura associada a essa área (sem obrigatoriedade). O atributo *"DataInícioPlantio"* define a data em que essa cultura foi iniciada nessa área. Esse atributo caracteriza o plantio em si, motivo pelo qual foi representado no relacionamento, embora pudesse ser representado na própria entidade "ÁREA". Se a área estiver sem cultura, o atributo *"SituaçãoÁrea"* define mediante valores apropriados para tal. Seria possível também definir a inexistência de cultura através do próprio atributo *"DataInícioPlantio"*, caracterizando uma data zerada, por exemplo, como significado de área sem cultura associada. Essas variações são possíveis e dependem única e exclusivamente do contexto analisado e da forma como se pretende tratar determinadas informações.

– Com o código identificador de uma praga, quais as culturas (nome) em que a mesma pode incidir e em que estação do ano ela surge com frequência.

As culturas em que uma praga pode incidir são determinadas pelo relacionamento "Ataca" (muitos para muitos) e a estação do ano em que surge com mais frequência pelo atributo *"Estação"*.

– Com o código de uma praga, saber seu nome e agrotóxicos que a combatem.

Em relação aos agrotóxicos que combatem uma praga, é possível obter essa informação a partir do relacionamento "Proteção". Nesse relacionamento, de não obrigatoriedade de ambos os lados, é correto também representar que um determinado agrotóxico deve combater pelo menos uma praga, ficando a representação do lado "PRAGA" com (1,N) no lugar de (0,N).

– Identificar a quantidade de agrotóxico aplicado preventivamente por área, e saber por agrotóxico: nome, quantidade disponível e unidade de medida.

Os dados de nome, quantidade disponível e unidade de medida estão estabelecidos na caracterização da entidade "AGROTÓXICO". Já a quantidade aplicada preventivamente define quanto foi aplicado de um determinado agrotóxico em uma determinada área de forma preventiva, não necessariamente para combater uma praga. Nesse caso, o atributo caracteriza o relacionamento "AplicaçãoPreventiva" através do atributo

210 • Modelagem Lógica de Dados: construção básica e simplificada

"QtdeAplicadaPrev". Sendo assim, deve-se saber qual a área e qual o agrotóxico para determinação da quantidade que foi aplicada, caracterizando um atributo do relacionamento.

- Identificar quais agrotóxicos foram aplicados de forma corretiva, identificando especificamente para qual praga (nome) e em que quantidade ele foi aplicado corretivamente para cada área.

A aplicação corretiva de agrotóxico é definida pelo uso de um agrotóxico em uma área para combater especificamente uma praga.

Sendo assim, cada aplicação corretiva é caracterizada por 3 (três) elementos distintos, caracterizando essa aplicação como um evento causador de um relacionamento ternário. Observa-se que não satisfaz a obtenção da informação apenas pela tomada desses elementos aos pares, isto é, associando-se apenas 2 dos 3 elementos envolvidos. Por exemplo, associando agrotóxico com praga teremos apenas a definição de quanto foi aplicado de cada agrotóxico para combater cada praga, mas sem identificação da área ou áreas em que se deu a aplicação. Associando praga com área perdemos a informação sobre qual agrotóxico foi aplicado e, em última análise, associando área com agrotóxico saberemos quanto foi aplicado de cada agrotóxico por área, mas sem a informação detalhada sobre a praga que foi combatida. Enfim, essa informação caracteriza tipicamente um relacionamento ternário, representado no modelo por "AplicaçãoCorretiva". Dessa forma, uma aplicação é determinada por um agrotóxico, uma praga e uma área.

Sobre o mesmo caso, é possível ainda questionar-se a aplicação mais de uma vez do mesmo agrotóxico, na mesma área para combater a mesma praga. Nesse caso, o contexto e a solução apresentados levam à definição de que as quantidades das duas aplicações serão somadas em *"QtdeAplicadaCorretiva"*, haja vista que a informação requerida não diz respeito a saber quantas e quais foram as aplicações, mas mais precisamente quanto de agrotóxico foi aplicado de maneira discriminada por área e praga.

Caso houvesse necessidade de se saber de forma pormenorizada cada aplicação feita, a solução seria outra e, para esse caso, recomendamos o ensaio da solução ao leitor.

13.13 Solução do caso 13

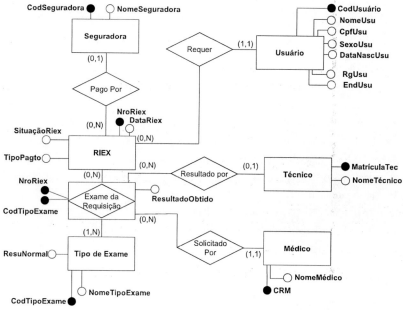

Figura 13.15: Solução do estudo de caso 13

Dicionarização

Riex Requisição de exame que envolve um ou mais tipos de exames.

Tipo de Exame Tipo de Exame realizado pelo laboratório VS

TipoPagto Indica se a requisição de exame será paga por uma seguradora de saúde ou de forma particular.

ResuNormal Resultado normal descritivo para o tipo de exame realizado

Exame da Requisição Define os tipos de exames que integram uma requisição de exame (Riex).

Resultado Por Define o técnico de laboratório responsável pelo resultado obtido e registrado.

Análise:

Em relação aos procedimentos descritos esses são importantes para a definição de determinados atributos e relacionamentos. Partindo então da análise dos procedimentos descritos:

- Pedirá ao usuário as solicitações de exames emitidas pelos médicos. Um usuário pode trazer várias solicitações, com tipos de exames diversos e de diferentes médicos:

Essa análise é a mais importante deste estudo de caso, pois permite justificar o uso da agregação na entidade-relacionamento "ExameDaRequisição".

O procedimento descrito e a caracterização das solicitações definem a forma de representação da relação entre o médico e as requisições geradas. Cada requisição ("Riex") pode ter um ou vários tipos de exames. Isso porque, ao trazer as solicitações de exames, um usuário não irá trazer apenas a solicitação de um único exame, mas a solicitação de vários exames, sejam essas solicitações emitidas com todos os exames juntos ou diferentes solicitações cada uma com o seu ou os seus próprios exames.

Sendo possível o usuário trazer várias solicitações, é possível também que essas solicitações partam de um mesmo médico ou cada uma delas de um médico diferente. Logo, na construção da "Riex", os tipos de exames solicitados (independente da solicitação de origem) serão todos incluídos em uma mesma requisição ("Riex"), fato esse representando pelo relacionamento "ExameDaRequisição", justificando a cardinalidade muitos:muitos representada, haja vista que um mesmo tipo de exame pode integrar várias requisições e vice-versa.

Em relação a cada tipo de exame incluído em uma requisição, é fato também que cada um destes tipos de exames podem ter sido solicitados por diferentes médicos.

Dessa forma, se fizéssemos a associação da requisição como um todo ("Riex") com 1(um) médico, chegaríamos à falsa conclusão de que uma mesma Riex só diz respeito aos exames solicitados por um único médico, exigindo que tivéssemos tantas requisições quantos fossem os diferentes médicos que solicitaram exames para um determinado usuário, fato que não está caracterizado pelo contexto.

Opcionalmente, poderíamos pensar em associar diretamente a entidade "RIEX" com a entidade "MÉDICO", de tal maneira que fosse possível

Capítulo 13 CASOS: soluções e considerações • 213

definir quais médicos solicitaram exames que estão incluídos na requisição em estudo. Seria um relacionamento muitos:muitos entre "Riex"-"Médico". Tal relacionamento seria capaz de informar os médicos que estão envolvidos em uma requisição, porém não seria possível obtermos a informação desejada no contexto que é identificar para cada tipo de exame de uma requisição qual o médico que pediu o tipo de exame. Sendo assim, essa informação requerida não diz respeito apenas ao relacionamento binário entre "Riex-Médico" ou entre "TipoDeExame-Médico", mas diz respeito ao relacionamento entre 3 (três) componentes: "Riex-TipoDeExame-Médico", caracterizando, a princípio, um relacionamento ternário.

Porém, o contexto em pauta permite concluir que para que um médico possa se associar a um par "Riex-TipoDeExame",é imperioso que exista previamente a relação entre estes dois elementos (requisição e tipo de exame). Isso nos leva à construção de uma agregação, conforme descrito em capítulo anterior. Com isso, o relacionamento "ExameDaRequisição" nos fornece os tipos de exames de uma requisição e, caracterizando esse relacionamento como uma entidade, como uma agregação, temos a figura da entidade-relacionamento "ExameDaRequisição". A partir deste ponto, o par "Riex-TipoDeExame" passa a caracterizar um novo objeto ("ExameDaRequisição") que será então associado ao médico que deu origem ao mesmo.

Concluindo, identificar qual o médico que pediu um determinado tipo de exame de uma requisição pressupõe a existência de um relacionamento ternário entre requisição, tipo de exame e médico. Entretanto, a necessidade de existência do relacionamento anterior entre requisição e tipo de exame transforma essa figura em uma agregação com dois relacionamento binários independentes ("ExameDaRequisição" e "SolicitadoPor"), onde o primeiro informa os tipos de exames de uma requisição e o segundo informa, para cada um desses tipos de exames de uma requisição, qual o médico que o solicitou.

– Para cada tipo exame realizado em uma RIEX deverá ser registrado o resultado obtido para o exame, assim como o código do técnico responsável pelo resultado:

O resultado obtido para um tipo de exame de uma requisição é tipicamente um atributo que caracteriza esse tipo de exame naquela requisição. Observe que o resultado normal ("ResuNormal") é um atributo que caracteriza o tipo de exame, sendo sempre o mesmo, independente de requisição, mas o atributo "ResultadoObtido" caracteriza o tipo de exame naquela requisição ("RIEX"). Quanto ao técnico que foi responsável pelo resultado, a análise a ser feita é a mesma que a anterior, que relaciona cada médico a um "Exame-DaRequisição". Sendo assim, para cada tipo de exame de uma requisição ("ExameDaRequisição") temos 1 (um) e apenas um técnico que foi o responsável pelo registro daquele resultado obtido. Essa informação fica então representada pelo relacionamento "Resultado Por".

Quanto às necessidades de informação que estão descritas, podemos analisar:

– Quais são os tipos de exames que o laboratório realiza e quais são os resultados normais esperados para cada um deles;

Os exames ou tipos de exames realizados pelo laboratório estão representados em "TIPO DE EXAME" e os resulatdos normais esperado por cada um deles pelo atributo *"ResuNormal"* conforme já descrito.

– A situação de cada RIEX (aberto, encerrado ou entregue);
Cada "RIEX" é caracterizada por um status de situação, definida pelo atributo *"SituaçãoRiex"*.

Para cada RIEX, qual o usuário associado a ela (nome, endereço, sexo e nascimento);
Relacionamento "Requer", salientando que um mesmo usuário pode ao longo do tempo requerer várias requisições.

– Qual a quantidade de requisições feitas por período (entre 2 datas):
A partir da data da requisição podemos obter essa informação selecionando as requisições cuja data esteja dentro do período solicitado.

– Quais são os tipos de exames que foram solicitados a cada requisição:
Definido pelo relacionamento "Exame da Requisição".

– Quais os resultados obtidos para cada tipo de exame de cada Riex:

Capítulo 13 CASOS: soluções e considerações ▪ **215**

Definido pelo atributo *"ResultadoObtido"* cuja interpretação já foi descrita.

- Para cada tipo de exame de uma requisição, qual o médico (CRM e nome) que solicitou;
Definido pelo relacionamento "Solicitado Por" cuja interpretação já foi descrita.

- Para cada exame de uma RIEX, qual o responsável pelo resultado (matrícula e nome);
Definido pelo relacionamento "Resultado Por" cuja interpretação já foi descrita.

- Dada a identificação de uma seguradora, quais foram as requisições cobertas por ela;
Definido pelo relacionamento "Pago Por". Neste caso, se não houver seguradora pagando os exames, tal fato é caracterizado pelo atributo *"Tipo-Pagto"* que define se a requisição vai ser paga por seguradora ou de forma particular. Quanto ao relacionamento "Pago Por", uma requisição paga por uma seguradora significa que ela é integralmente paga por essa, não sendo permitido o desmembramento de cada tipo de exame por diferentes seguradoras, justificando a cardinalidade "RIEX" com "SEGURADORA".

Bibliografia

CHEN, Peter. Modelagem de Dados: a Abordagem entidade–relacionamento para projeto lógico. São Paulo: Makron Books, 1990.

COLAÇO Júnior, Methanias. Projetando Sistemas de Apoio à Decisão baseados em Data Warehouse. Rio De Janeiro:Axcel Books, 2004.

COUGO, Paulo Sérgio. Modelagem Conceitual e Projeto de Bancos de Dados. Rio de Janeiro:Campus, 1997.

DATE, C. J. Introdução a sistemas de bancos de dados. Rio de Janeiro:Campus, 2004.

ELMASRI, Ramez; NAVATHE, Shamkant B. Sistemas de Banco de Dados. São Paulo:Pearson, 2011.

HEUSER, Carlos Alberto. Projeto de Banco de Dados. São Paulo:Bookman,2009.

KORTH, Henry F.; SILBERCHATZ, Abraham.; SUDARSHAN, S. Sistema de banco de dados. Rio de Janeiro: Campus, 2006.

LAUDON, Kenneth C. & LAUDON, J. P. Sistemas de Informação Gerenciais. São Paulo:Prentice Hall, 2007.

MELO, Rubens N., SILVA Sidney e TANAKA, Astério K. Banco de Dados em aplicações Cliente-Servidor. Rio de Janeiro:Infobook, 1998.

O´BRIEN, James A. Sistemas de Informação e as decisões gerenciais na era da Internet. São Paulo:Saraiva, 2005.

OLIVEIRA, Djalma Pinho R. Sistemas, Organização e Métodos. São Paulo: Atlas, 2010.

PRESSMAN, Roger S. Engenharia de Software. São Paulo: McGraw-Hill,2011.

RUMBAUGH, James. Modelagem e Projetos Baseados em Objetos. Rio de Janeiro:Campus,2006.

RUMBAUGH, James; BOOCH, Grady; JACOBSON, Ivar. UML: guia do usuário. Rio de Janeiro:Campus,2006.

SETZER, Valdemar W.; SILVA, Flávio S. C. da; Bancos de Dados. São Paulo: Edgard Blücher, 2005.

SETZER, Valdemar W. Banco de Dados: projeto físico e projeto lógico. São Paulo:Edgard Blücher,1987.

SOMMERVILLE, Ian. Engenharia de Software. São Paulo: Addison Wesley, 2007.

TEOREY, Toby; LIGHTSTONE, Sam. Projeto e Modelagem de Bancos de Dados. Rio de Janeiro:Campus, 2006.

YOURDON, Edward. Análise Estruturada Moderna . Rio de Janeiro:Campus, 1990.

Impressão e acabamento
Gráfica da Editora Ciência Moderna Ltda.
Tel: (21) 2201-6662